彩印版

缠论速成

刘一峰　著

CHANLUNSUCHENG

书中给出接地气的缠论实战应用

如设伏狙击主升浪等，特别适合没有足够的时间看盘但有足够的
时间等待的小散们使用，长期坚持必能在股市立于不败之地

经济管理出版社
ECONOMY & MANAGEMENT PUBLISHING HOUSE

图书在版编目（CIP）数据

缠论速成：彩印版/刘一峰著. —北京：经济管理出版社，2022.1
ISBN 978-7-5096-8295-1

Ⅰ. ①缠⋯　Ⅱ. ①刘⋯　Ⅲ. ①股票交易—基本知识　Ⅳ. ①F830.91

中国版本图书馆 CIP 数据核字（2022）第 011328 号

组稿编辑：杨国强
责任编辑：王　洋
责任印制：赵亚荣
责任校对：陈　颖

出版发行：经济管理出版社
　　　　　（北京市海淀区北蜂窝 8 号中雅大厦 A 座 11 层　100038）
网　　址：www. E-mp. com. cn
电　　话：(010) 51915602
印　　刷：唐山昊达印刷有限公司
经　　销：新华书店
开　　本：720mm×1000mm/16
印　　张：14
字　　数：228 千字
版　　次：2022 年 3 月第 1 版　2022 年 3 月第 1 次印刷
书　　号：ISBN 978-7-5096-8295-1
定　　价：88.00 元

自　序

　　学习过缠论的人，或者开始接触缠论的人，都有一个共同的感受，那就是缠论难学。缠论创始人在新浪博客给出的缠论——缠中说禅 108 课原文，即便是一个高级知识分子要看懂都很难。缠论创始人英年早逝后，不少热爱缠论、热衷缠论推广的热心人士为解读缠中说禅 108 课原文做了大量工作，出版了不少专著。即便如此，笔者还是听到许多想学习缠论的朋友说：看不懂、学不会、难学。问题出在哪里？据笔者观察，恐怕还是因为看到大部头著作有畏难心理，在看的过程中有些内容理解不了或理解不到位，或者勉强理解看完了大部头著作仍然理不出一个能够让自己实际使用的头绪，经常被大量的技术名词、定理和定义给搞晕了头，他们感受最深的就是觉得"绕"，绕来绕去就找不到北了。在这样的情况下，笔者创作了这本《缠论速成》，应该有一定的现实意义。笔者具有理工科背景，并不是财经类专业人士，只是一个散户，不过是一个资深小散。所以，理解散户的心态、心情。

　　本书以尽可能少的文字配合大量解读图片和实际图例说明，以容易理解、容易进入为第一目标，追求学起来不累、不绕，最后能上手的境界。

　　笔者是一个小散，书也是为像笔者这样的小散而写。如果本书碰巧被专业人士或缠论高手撞见，那笔者就是被动地班门弄斧，欢迎您对本书进行批评、批判，这样，必能使缠论不断发扬光大，完善缠论创始人其实未竟的但极为优秀的风险市场技术理论。

2021 年于北京

特别提示

本书的主要篇幅是图

看图的时候，请将时间轴、价格轴记于心中——
左边指向过去的时间，右边指向将来的时间；
上下空间则是价格空间，越是高位价格越高，越是低位价格越低；
看每张图时要先看清楚它所在的周期；
看多张相关图片时，请特别注意前后图片相同的日期或时间段。

绘制的走势类型中——
断续线（虚线）本意是代表中枢所在级别的次级别走势类型；
连续线（实线）本意是代表中枢所在级别的次级别以下走势类型。

图片上如有不理解的地方，那是还未讲到的内容，后面还会涉及。

深蓝色文字部分出自缠论创始人的博客原文。

红色文字部分一般是缠论创始人给出的定理、定律、定义和原理。

学会使用行情软件的画图功能将会加快进入角色。

目　录

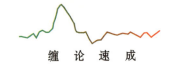

第一章　走势类型

一、股价波动结构的同构性

缠论创始人揭示了股价波动结构的同构性。

在行情软件上打开一幅分析图，无论哪个周期、哪个时段的分时图，只要是在时间足够长的显著性高低点之间，总能见到相同的波动结构。

图1-1至图1-16这些实际图例是不同周期的、较长时间段中显著性高低点之间的股价波动结构，请注意这些图例依托的周期和辅助观察波动结构的画线特征（注：本章图片全部放在最后，笔者刻意安排）。

继续讨论之前，不妨将这些图例反复多看几遍。

二、认识走势类型

能总结一下图1-1至图1-16的看图辅助线形状吗？是不是感觉有特别类似的地方？答案显然是肯定的。这就是所谓的股价波动结构的同构性，是缠论创始人的一个伟大发现。缠论创始人给这些结构起了一个名字，叫作走势类型，并进行了分类。

走势类型分2类：

（1）趋势走势类型。趋势走势类型有2个或2个以上中枢（超过2个的少见），又细分为上涨趋势走势类型和下跌趋势走势类型（见图1-17）；

（2）盘整走势类型。盘整走势类型只有1个中枢，股价运动则可以向上也可以向下（见图1-18）。

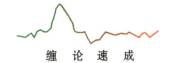
三、走势类型的级别

（一）走势类型的级别

在图 1-1 至图 1-16 中，看到了股价在不同周期的走势类型。

缠论使用的市场价格波动周期依次是年、季、月、周、日、30 分钟、5 分钟和 1 分钟（或分时），年、季、月虽然也有使用，但在实战中不会频繁使用或极少使用。

走势类型的级别与它所依托的 K 线周期密切相关：

日线图上看到的走势类型称为日线级别走势类型，可以是向上或向下的日线盘整走势类型，也可以是上涨或下跌的日线趋势走势类型；

30 分钟图上看到的走势类型称为 30 分钟级别走势类型，可以是向上或向下的 30 分钟盘整走势类型，也可以是上涨或下跌的 30 分钟趋势走势类型；

5 分钟图上看到的走势类型称为 5 分钟级别走势类型，可以是向上或向下的 5 分钟盘整走势类型，也可以是上涨或下跌的 5 分钟趋势走势类型；

1 分钟或分时图上看到的走势类型称为 1 分钟级别走势类型，可以是向上或向下的 1 分钟盘整走势类型，也可以是上涨或下跌的 1 分钟趋势走势类型。

提到走势类型时，显然先要搞清楚是哪种周期级别，前面必须冠有所在周期的名称，如"上涨的 30 分钟趋势走势类型"，也可以说"30 分钟上涨的走势类型"，甚至简单地说"30 分钟上涨"或"30 分钟上涨趋势"。

走势类型所在的周期越长，走势类型的级别也就越高，稳定性也就越强。

缠论中所说的趋势、上涨、下跌和盘整，都是指走势类型，这跟经典名词内涵已经不同了。

（二）走势类型的升级

缠论走势级别延续定理一：在更大级别缠论走势中枢产生前，该级别走势类型将延续。也就是说，只能是具有该级别缠论走势中枢的盘整或趋势的延续。

缠论走势类型分解原则：一个某级别的走势类型中，不可能出现比该级别更大的中枢，一旦出现，就证明这不是一个某级别的走势类型，而是更大级别走势类型的一部分或几个该级别走势类型的连接。

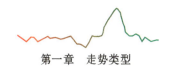
连续 3 个某级别走势类型重叠，就递归产生高一级别中枢从而使走势类型得以升级，在高一级别的周期图上可以很清楚地看到升级的结果，这是升级的金标准（见图 1–19、图 1–20），如果这一情况未出现，那么，原走势类型级别不变。

连接中枢的走势级别一定小于中枢，换言之，一个走势级别完成后必然面临至少大一级别的中枢震荡。例如，一个 5 分钟的上涨结束后，必然至少要有一个 30 分钟的中枢震荡，这就是任何走势的必然结论，没有任何走势可以逃脱。图 1–1 开始的那根向下的黑色线（进入段）是一个 30 分钟级别的走势类型，它完成后立刻就有一个至少高一级别的中枢震荡即日线中枢震荡，这就产生了日线中枢，它的组件图中的蓝色线段就是中枢震荡的路线。

四、走势类型的结构

走势类型不是随意绘制得到的，是波动规律之下的产物，这个规律是缠论创始人发现的。

走势类型由中枢（红色方框给出的就是中枢区间）、中枢的进入段、中枢的离开段构成，如果是趋势走势类型，则还由中枢的连接段构成。

（一）中枢

1. 中枢的概念

中枢是走势类型结构的核心。

中枢的图形就像一个钢窗，钢窗框架里面还有支架。钢窗就好比中枢，支架就好比中枢的组件。中枢是多空双方反复较量的过程，也是凝聚力或能量积累的过程，故中枢是有能量的。

缠论走势中枢：某级别走势类型中，被至少 3 个连续次级别走势类型所重叠的部分，称为缠论走势中枢。换言之，缠论走势中枢就是由至少 3 个连续次级别走势类型重叠部分所构成。对最后不能分解的级别，其缠论走势中枢定义为至少 3 个该级别单位的 K 线重叠部分。

图 1–1 至图 1–16 中的中枢都至少由 3 个连续的蓝色线段的重叠部分构成，蓝色的线段就是构成中枢的组件，它是线段或中枢所在周期级别的次级别周期的走势类型：在日线上看到的中枢，其组件蓝色线段都是次级别 30 分钟走势类型；

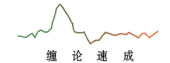
在 30 分钟图上看到的中枢，其组件蓝色线段都是次级别 5 分钟走势类型；在 5 分钟图上看到的中枢，其组件蓝色线段都是次级别 1 分钟走势类型。

2. 中枢的生成

中枢的生成需要组件。价格向下或向上运动的时候，如果总是一直向下或向上，中枢是无法生成的。所以，某周期级别的价格向下运动要产生中枢首先必须有向上的该周期级别的次级别周期走势类型的价格运动，连续至少 3 个转折的这样的价格运动才能构成中枢；反之亦然。

例如，在日线图上，**价格向下运动产生一个中枢首先要向上转折一下，它的组件一定是上下上至少 3 个连续的、有重叠的线段；价格向上运动产生一个中枢首先要向下转折一下，它的组件一定是下上下至少 3 个连续的、有重叠的线段。**每个线段是一个次级别 30 分钟的走势类型，也就是说每个线段的两个端点对应在 30 分钟图上看是一个 30 分钟的走势类型。

图 1-5 是一个向上的日线盘整走势类型，构筑日中枢的组件之一：2019 年 3 月 26 日至 2020 年 8 月 9 日的线段，就是一个 30 分钟的走势类型（见图 1-21）。

3. 中枢的区间

中枢区间（见图 1-22，红色方框）由最前面 3 个组件（线段）的重叠部分确定。取最前面的这 3 个组件（线段）的两个高点中的低点作为中枢高（ZG），取最前面的这 3 个组件（线段）的两个低点中的高点作为中枢低（ZD），ZG、ZD 作为上下边界，之间的垂直空间就是中枢区间。围绕中枢区间运动的组件（线段）的最高点，称高中高（GG），围绕中枢区间运动的组件（线段）的最低点，称低中低（DD），GG、DD 作为上下边界，之间的垂直空间是中枢的范围。

规范中枢的画法：ZG、ZD 作为上下边界，中枢的左边界定在进入段结束的时间点，中枢的右边界定在离开段出发的时间点。

中枢里面"上下上"或者"下上下"只表示了 3 个组件，这是构筑中枢所要求的最少的组件数目。图 1-1 至图 1-18 中构成中枢的组件基本上都是 3 个，实际上还有比这复杂得多的情形，股市不是那样简单。

当中枢的 ZG 和 ZD 相隔的空间距离很近或者为零（即这两个价位相等）时，称为奔走中枢（见图 1-3；图 1-25，特别是右下角趋势走势类型的第 2 个中枢），

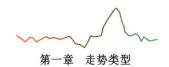

常常（但不绝对）是走势强劲的表现。

4．中枢的级别

中枢是走势类型结构的核心，因此，是中枢的级别决定了走势类型的级别：日线中枢产生后日线走势类型才能产生，30 分钟中枢产生后 30 分钟走势类型才能产生，5 分钟中枢产生后 5 分钟走势类型才能产生，1 分钟中枢产生后 1 分钟走势类型才能产生，所以走势类型和它的中枢是同级别的。

对于线段也一样，有日线线段、30 分钟线段、5 分钟线段和 1 分钟线段……同理，这与依托的分析图周期密切相关。

（二）中枢的进入段、离开段和连接段

中枢产生的一个必要条件就是价格运动的方向首先要改变，如果改变导致中枢形成，那么开始改变前的这段走势就是中枢的进入段（a），一般情况下，中枢的进入段是中枢级别的次级别走势类型，但不绝对肯定，也可以是次级别以下级别的走势类型。

对于趋势走势类型（a + A + b + B + c），绝大多数情形不超过 2 个中枢，第 1 个中枢（A）构造完成的离开段同时也是第 2 个中枢（B）的进入段，这种情形就把它叫作中枢的连接段（b），一般情况下，中枢的连接段是中枢级别的次级别走势类型，但不肯定，次级别以下甚至是缺口也是可以的（见后述缠论走势中枢定理一）。第 2 个或者最后一个中枢构造完成价格运动离开中枢，离开的这一段走势就是离开段或背驰段（c）（如果构成背驰，就把这段叫作背驰段）（见图 1-17）。如果背驰段是中枢级别的次级别走势类型，则其终点一定是此趋势走势类型（a + A + b + B + c）的终结点。中枢的进入段和离开段一般也都是一个线段，是一个次级别走势类型。a + A + b + B + c 是趋势且 A、B 级别相同的，c 必然是次级别的，而 b 有可能小于次级别的，力度最大的就是连续的缺口，也就是说，b 在级别上是不能大于 c 的。最后，如果 a + A + b + B + c 是上涨，c 一定要创出新高；a + A + b + B + c 是下跌，c 一定要创出新低。

对于盘整走势类型（a + A + b），中枢（A）构造完成价格运动离开中枢，离开的这一段走势就是中枢的离开段（b）（见图 1-18）（如果构成盘整背驰，就把这段叫作背驰段），一般情况下，中枢的离开段是中枢级别的次级别走势类型，

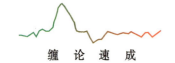
但不绝对肯定。如果离开段是次级别走势类型，那么，其终点一定是此盘整走势类型（a+A+b）的终结点。

进入段和离开段还可以是反向的（见图1-23）。

缠论走势中枢定理一：在趋势中，连接两个同级别缠论走势中枢的必然是次级别以下级别的走势类型。

上述定理是说趋势走势类型的2个或2个以上的中枢之间，是靠次级别以下的走势类型连接的（见图1-14、图1-26）。起连接作用的走势不一定是次级别的，只要是次级别以下，如跳空缺口就属于最低级别，往往相连的走势类型的级别越低，表示其力度越大。这也就是为什么缺口在分析中有比较强的技术含义的理论依据所在。缺口只有在连接两个同向的中枢时才有意义，中枢内的缺口意义不大，故在盘整中的缺口短期内往往是要回补的，而趋势中的缺口则不会，因为上方要生成新的中枢，并且和上一个中枢区间不重合，这样短期内它自然不会被回补。

缠论走势中枢定理二：在盘整中，无论是离开还是返回，缠论走势中枢的走势类型必然是次级别以下的。

上述定理是说某级别中枢形成后，离开中枢（如离开段）的价格运动和返回中枢的范围的价格运动必然是次级别或次级别以下的走势类型，如一个30分钟盘整走势，30分钟中枢的离开段可以是一个次级别5分钟走势类型，也可以是一个次次级别1分钟走势类型（见图1-24、图1-25），极端情形甚至可以是1分钟以下级别的走势类型，离开中枢后又可以返回到中枢（这里指的是中枢范围），必定是次级别以下的走势类型。

李晓军认为还应补充一种趋势类型，它由至少3个连续的线段（每个线段都是次级别走势类型）构成，其间没有中枢，称为大线段即N结构。如果并非每个线段都是次级别走势类型，则N结构仅能看成次级别走势类型（见图1-26）。

缠论走势中枢定理三：某级别缠论走势中枢的破坏，当且仅当一个次级别走势离开该缠论走势中枢后，其后的次级别回抽走势不重新回到该缠论走势中枢内。

这里中枢的破坏指的是中枢的暂时定型。缠论创始人说：定理三中的离开、回抽的两个次级别走势的组合只有三种：趋势+盘整、趋势+反趋势、盘整+反

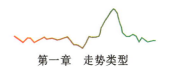
趋势（笔者认为缠论创始人这里是漏说，站在同级别分解的角度看盘整+盘整没有任何理由不可以，完全赞同《市场哲学的数学原理》一书作者徐斌在第 27–561 页配图 27–89 的补充）（见图 1–27，反向亦然）。其中的趋势分为上涨与下跌，分别代表从上方突破与下方跌破两种情况。站在实用的角度，最有力的破坏就是趋势+盘整。如在上涨中，如果一个次级别走势向上突破后以一个盘整走势进行整理回抽，那其后的上涨往往比较有力，特别是这种突破在底部区间。

（三）走势类型的生成

1. 从小周期向大周期递归生成走势类型

缠论创始人是从 1 分钟图的线段开始构筑 1 分钟中枢或 1 分钟走势类型的。推测他在 1 分钟图上画线段的（见图 1–28，相邻数字之间为一线段）步骤：

（1）上涨导致波动的后顶比前顶高，同时后底也比前底高。只要至少有 2 个顶，那么从起涨点到最后一个顶之间画成一个线段的必要条件已经具备，但需等待下面（2）生成线段的条件具备后才能坐实。

（2）然后转折下跌导致波动的后底比前底低，同时后顶也比前顶低。只要至少有 2 个底，那么从起跌点到最后一个底之间画成一个线段的必要条件已经具备，但需等待下面（3）生成线段的条件具备后才能坐实。

（3）再次转折进入（1）那样的上涨……

规则就是只有等后面的线段生成条件具备后前面的线段才能坐实。波动小但有幅度也列为一个线段，如图 1–28 中 68~69，70~71。

在 1 分钟图上有连续 3 个走势类型（即 3 个 1 分钟走势类型）空间重叠就会构成 1 个 5 分钟中枢，当然也会有 1 个 5 分钟走势类型且在 5 分钟图上就能看到；在 5 分钟图上原来的 3 个 1 分钟走势类型就变成了 3 个连续的、有重叠的线段（中枢组件）。

在 5 分钟图上有连续 3 个走势类型（即 3 个 5 分钟走势类型）空间重叠就会构成 1 个 30 分钟中枢，当然也会有 1 个 30 分钟走势类型且在 30 分钟图上就能看到；在 30 分钟图上原来的 3 个 5 分钟走势类型就变成了 3 个连续的、有重叠的线段（中枢组件）。

在 30 分钟图上有连续 3 个走势类型（即 3 个 30 分钟走势类型）空间重叠就

会构成 1 个日中枢，当然也会有 1 个日线走势类型且在日线图上就能看到；在日线图上原来的 3 个 30 分钟走势类型就变成了 3 个连续的、有重叠的线段（中枢组件）。

以上就是走势类型级别（或中枢级别）从小周期向大周期的递归（见图 1-29）。

2. 线段作为组件直接生成走势类型

从小周期向大周期递归生成走势类型这一方法从理论上讲可能比较完美，可能也比较适合于在超短线 T+0 品种上的操作。但是，对于依托较长周期分析图如日线操作的一般做短中长线的投资者，似乎有点烦琐，有时候软件下载的数据还有时限，完不成如此精细的递归。

缠论创始人给出了笔的定义并由此导出了线段的概念，应用在较长周期图上试图让线段能够成为较长周期级别走势类型的中枢组件且该组件是该周期级别的次级别周期的走势类型。这在技术上大大提高了效率，因为大多数情形也的确获得了精准的表达，但对于线段的划分，由于其基础笔的定义和非包含处理方法似存不足，导致它很多时候并不能代表是所在级别的次级别走势类型。遗憾的是，缠论创始人的缠论博客是在极为特殊的环境下写成的，随后又英年早逝，人们终未能看到他在日线或 30 分钟图上严格按照笔和线段的定义标识出走势类型的示范画法。

综上所述，有时候线段并不是次级别走势类型，可能是次次级别走势类型，所以，直接用线段在大周期上生成走势类型是有懒惰嫌疑的（见图 1-1 至图 1-16）。

3. 稳健生成走势类型的方法

实战中用线段作组件先从 5 分钟或 30 分钟图上开始生成走势类型，然后再向高级别递归。不过行情软件的数据下载有回溯时间限制，对于久远的数据无法取得，常常导致递归不能进行。但如果是从近期开始的，要尽量递归生成走势类型，即画出高质量的线段尤为重要和关键（见图 1-19、图 1-20）。

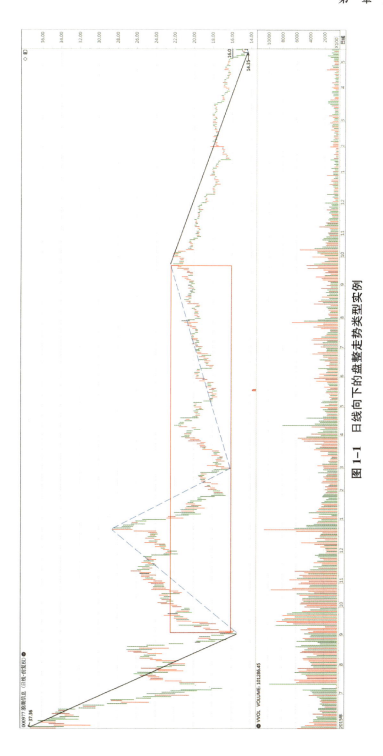

图 1-1 日线向下的盘整走势类型实例

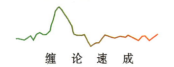

缠 论 速 成

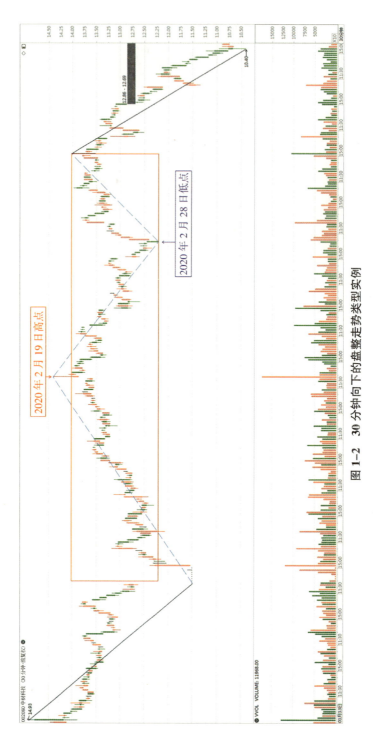

图 1-2　30 分钟向下的盘整走势类型实例

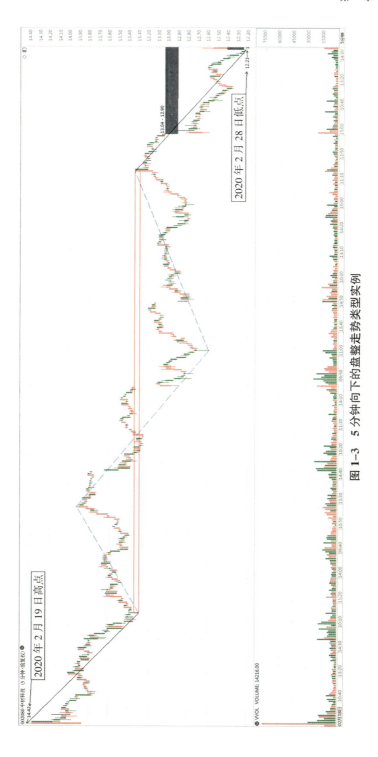

图 1-3　5 分钟向下的盘整走势类型实例

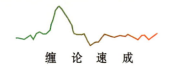
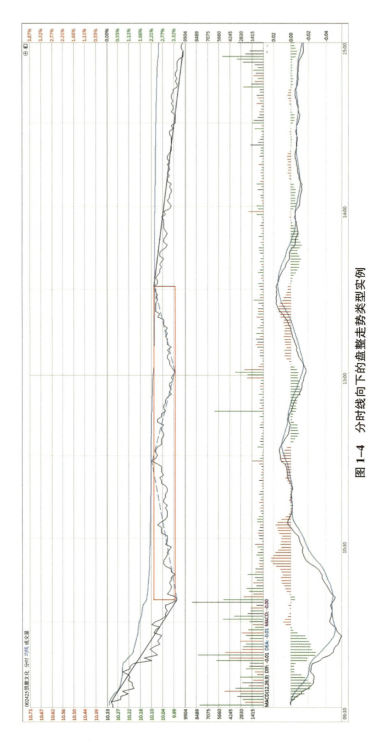

图 1-4　分时线向下的盘整走势类型实例

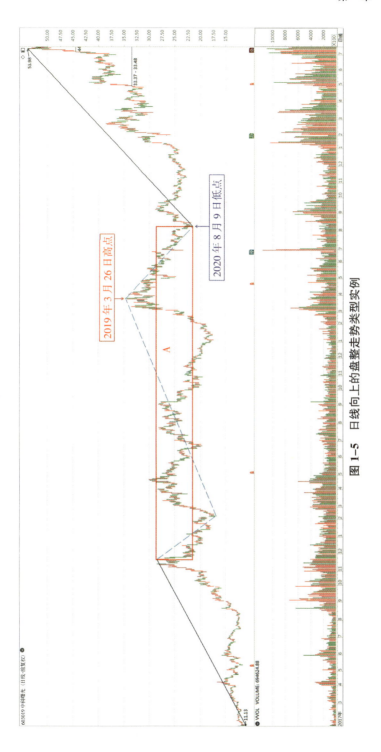

图 1-5 日线向上的盘整走势类型实例

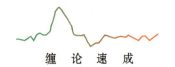

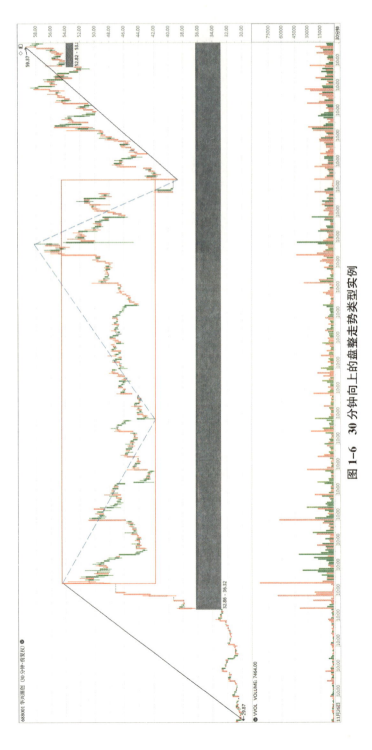

图 1-6 30 分钟向上的盘整走势类型实例

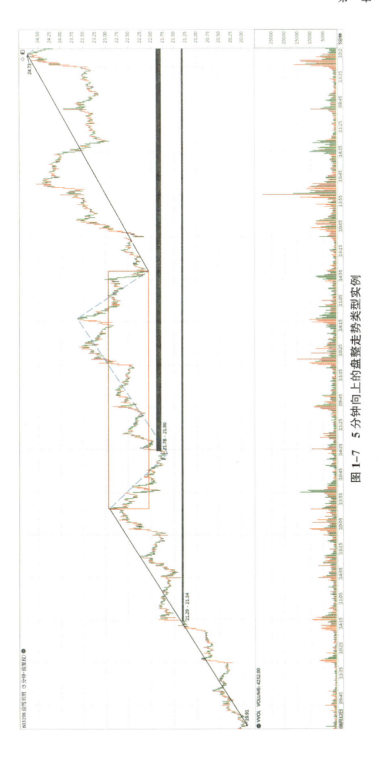

图 1-7　5 分钟向上的盘整走势类型实例

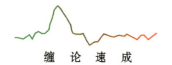

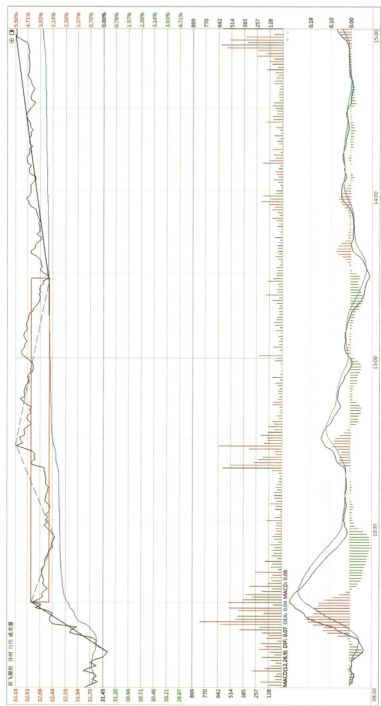

图 1-8 分时线向上的盘整走势类型实例

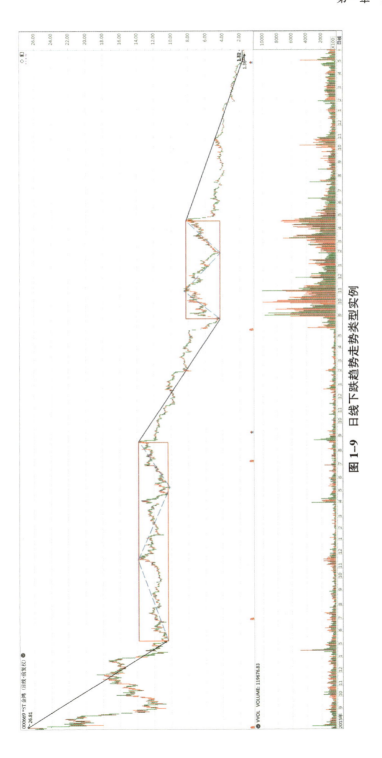

图 1-9　日线下跌趋势走势类型实例

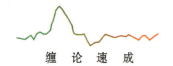

缠 论 速 成

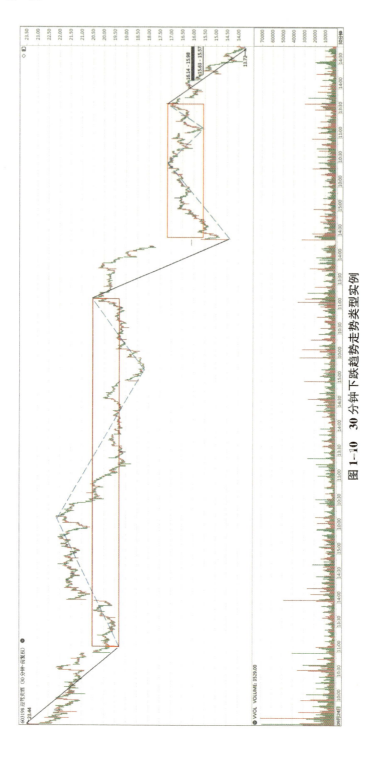

图 1-10　30 分钟下跌趋势走势类型实例

018

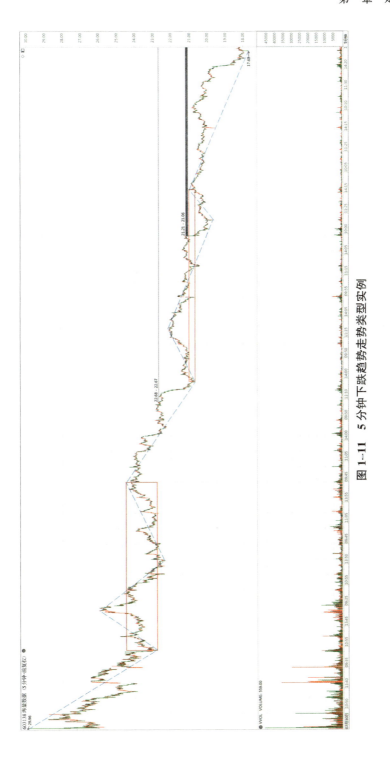

图 1-11　5 分钟下跌趋势走势类型实例

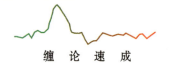
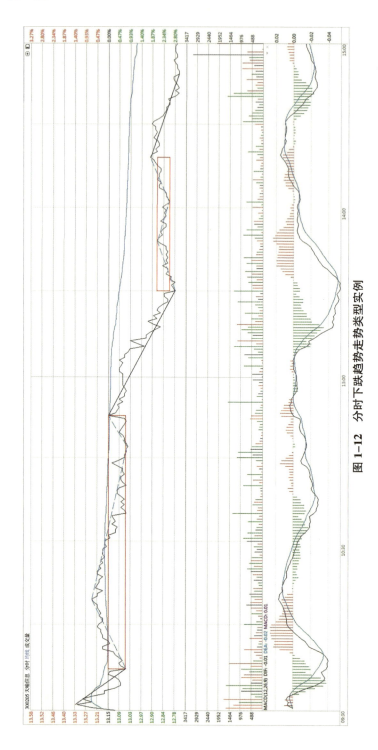

图 1-12　分时下跌趋势走势类型实例

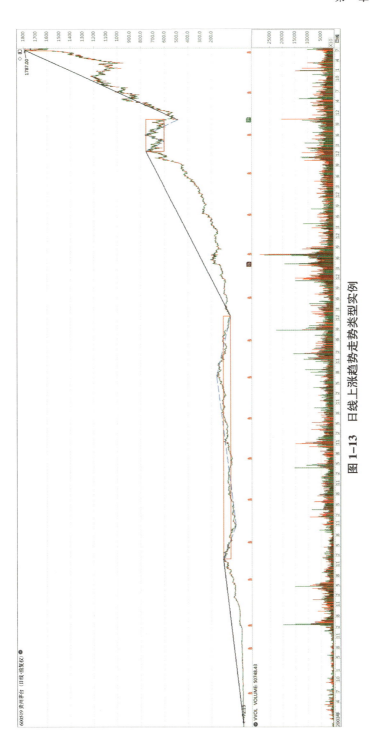

图 1-13 日线上涨趋势走势类型实例

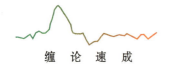
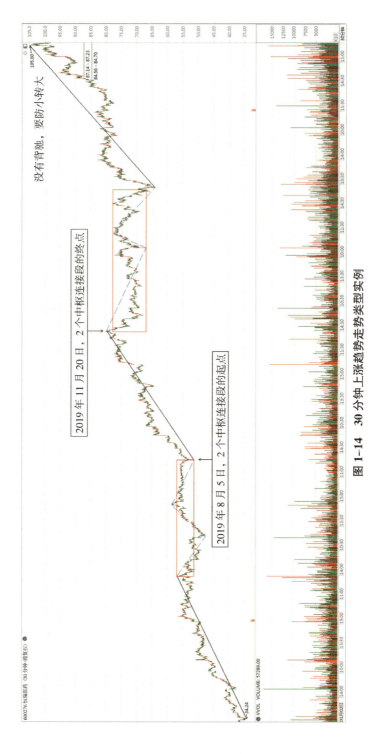

图 1-14 30 分钟上涨趋势走势类型实例

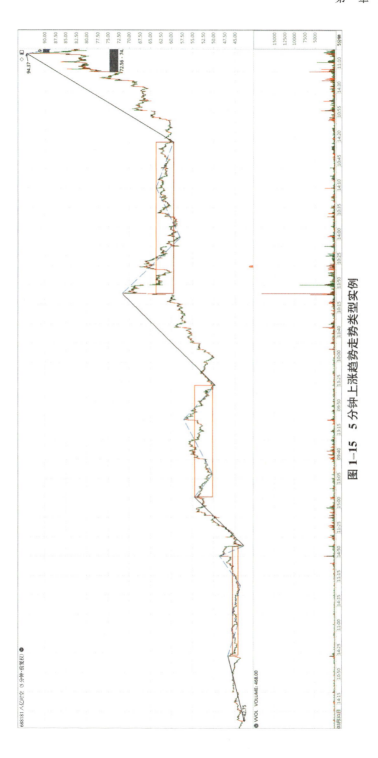

图1-15 5分钟上涨趋势走势类型实例

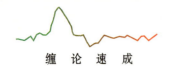
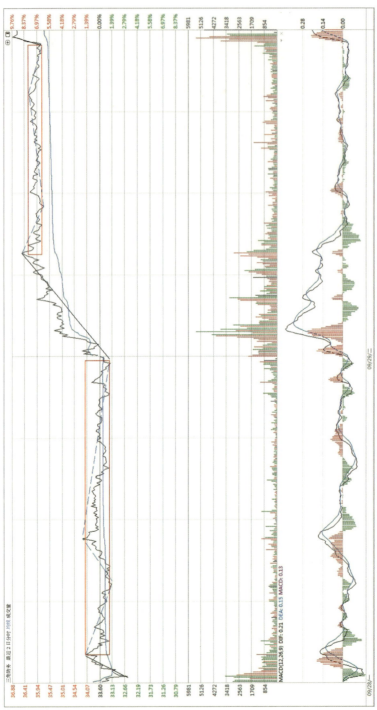

图 1-16 分时上涨趋势走势类型实例

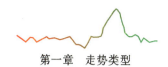

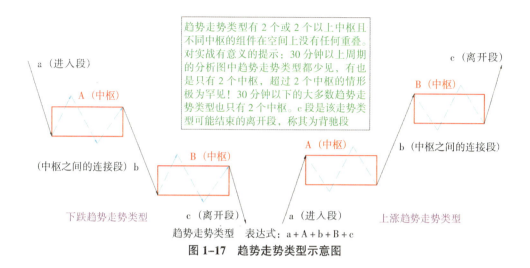

趋势走势类型 表达式：a+A+b+B+c

图1-17 趋势走势类型示意图

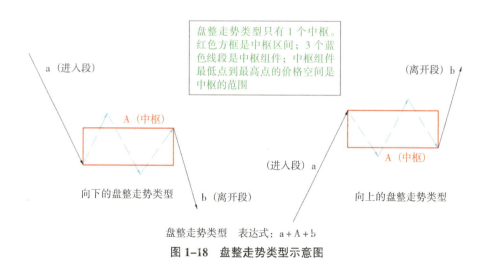

盘整走势类型 表达式：a+A+b

图1-18 盘整走势类型示意图

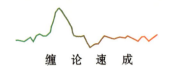

缠 论 速 成

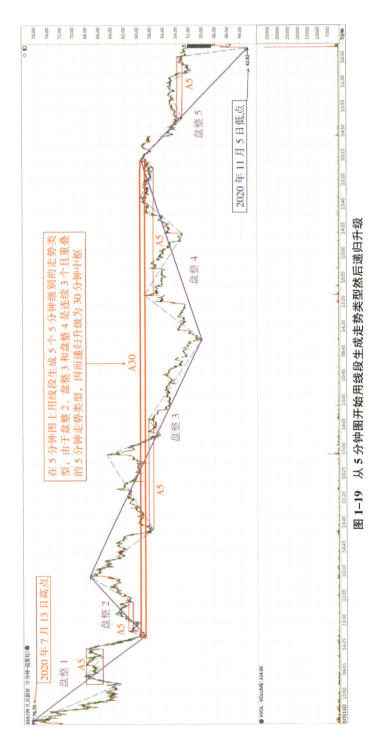

图 1-19 从 5 分钟图开始用线段生成走势类型然后递归升级

026

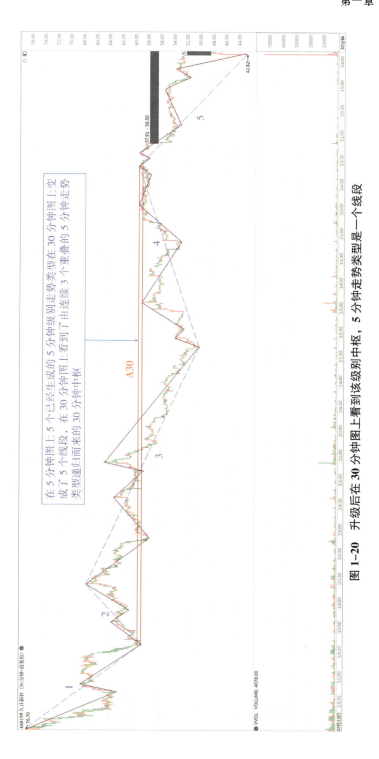

在 5 分钟图上 5 个已经生成的 5 分钟级别走势类型在 30 分钟图上变成了 5 个线段，在 30 分钟图上看到了由连续 3 个重叠的 5 分钟走势类型递归而来的 30 分钟中枢

图 1-20　升级后在 30 分钟图上看到该级别中枢，5 分钟走势类型是一个线段

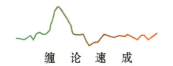
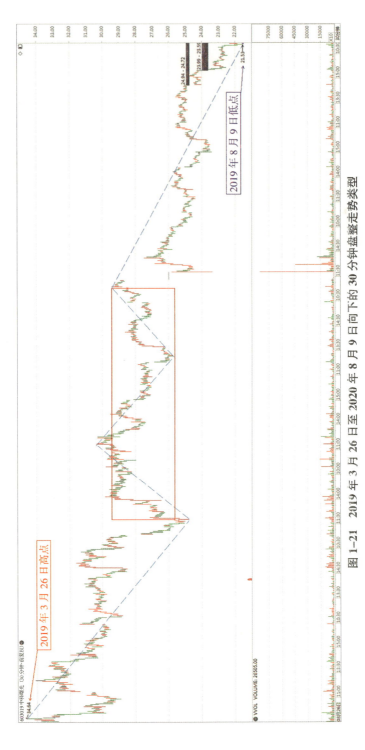

图 1-21 2019 年 3 月 26 日至 2020 年 8 月 9 日向下的 30 分钟盘盘鉴走势类型

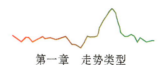

中枢区间由最前面三个组件（即线段）的重叠部分确定
这三个组件有两个高点，取其较低点为 ZG
这三个组件有两个低点，取其较高点为 ZD
围绕中枢区间运动的组件的最高点为 GG
围绕中枢区间运动的组件的最低点为 DD
ZG、ZD 之间的垂直空间是中枢区间
GG、DD 之间的垂直空间是中枢的范围
中枢左右边界规范为中枢的进入时间点和离开时间点

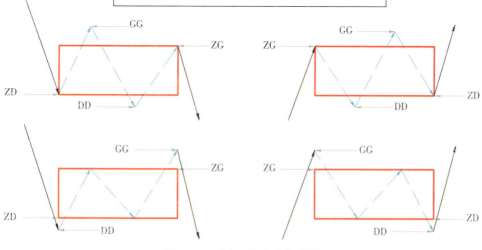

图 1-22　中枢区间和中枢范围

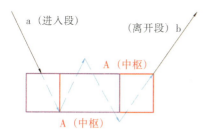

中枢区间相同，当要观察进入段和离开段时组件分别看后 3 个组件和前 3 个组件。此情形就是 K 线形态的双底，双顶亦然

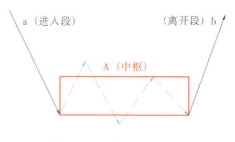

中枢有 4 个组件。此情形就是 K 线形态的三底，三顶亦然

图 1-23　中枢的进入段和离开段可以是反向的

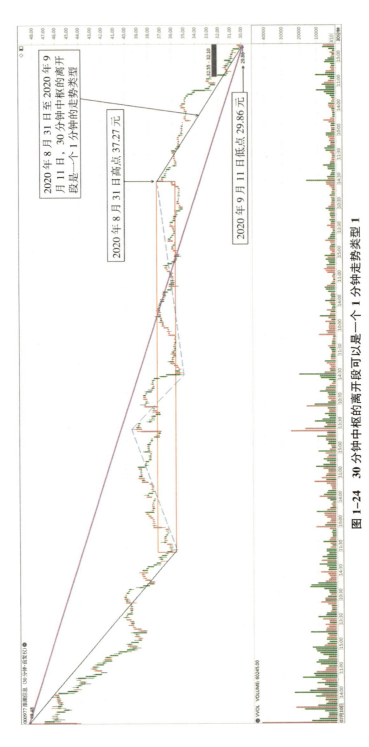

图 1-24 30 分钟中枢的离开段可以是一个 1 分钟走势类型 1

2020 年 8 月 31 日至 2020 年 9 月 11 日，30 分钟中枢的离开段是一个 1 分钟的走势类型

2020 年 8 月 31 日高点 37.27 元

2020 年 9 月 11 日低点 29.86 元

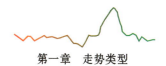
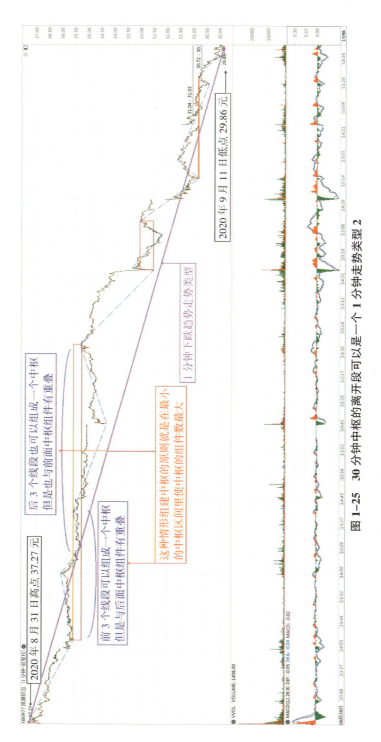

图1-25　30分钟中枢的离开段可以是一个1分钟走势类型 2

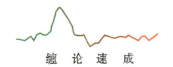

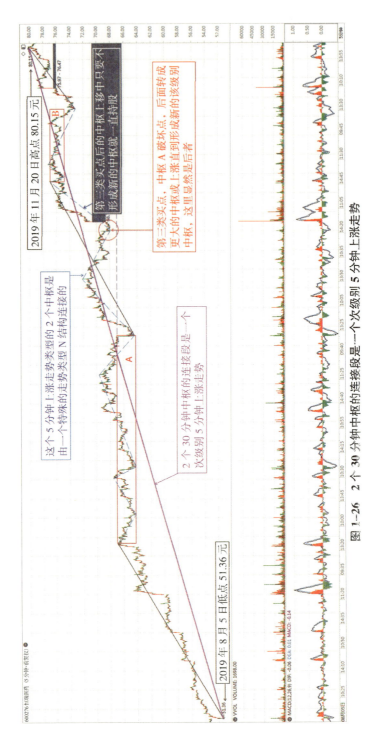

图 1-26 2 个 30 分钟中枢的连接段是一个次级别 5 分钟上涨走势

2019 年 11 月 20 日高点 80.15 元

第三类买点后的中枢上移中只要不形成新的中枢就一直转强

这个 5 分钟上涨走势类型的 2 个中枢是由一个特殊的走势类型 N 结构连接的

第三类买点，中枢 A 破坏点，后面转成更大的中枢或中枢直列上涨是后者中枢，这里显然是后者

2 个 30 分钟中枢的连接段是一个次级别 5 分钟上涨走势

2019 年 8 月 5 日低点 51.36 元

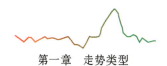

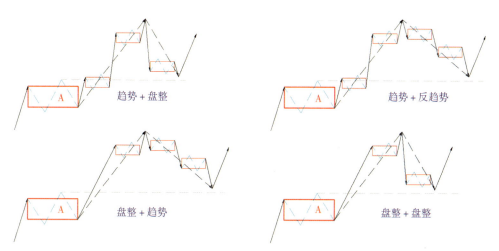

图 1-27　缠论走势中枢定理三中的离开、回抽的两个次级别走势的组合

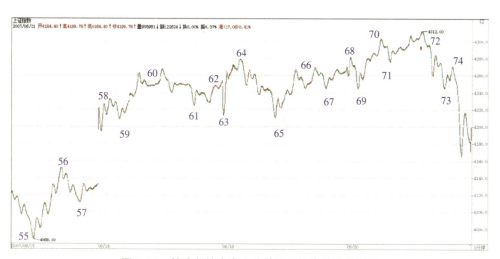

图 1-28　缠论创始人在 1 分钟图上给出的线段画法

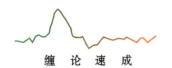

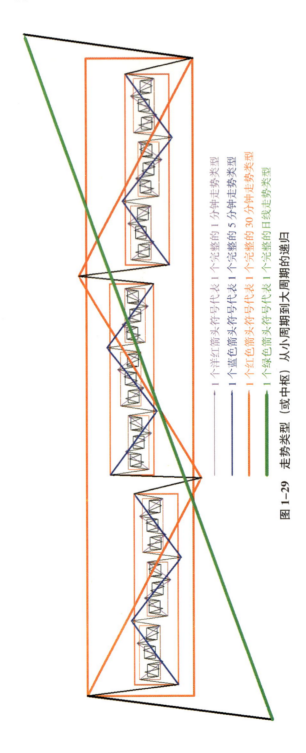

图 1-29 走势类型（或中枢）从小周期到大周期的递归

1 个浅红箭头符号代表 1 个完整的 1 分钟走势类型

1 个蓝色箭头符号代表 1 个完整的 5 分钟走势类型

1 个红色箭头符号代表 1 个完整的 30 分钟走势类型

1 个绿色箭头符号代表 1 个完整的日线走势类型

第二章 标出走势类型的方法

中枢或走势类型如果从 1 分钟开始递归到大周期，将存在效率问题。缠论创始人给出了笔的概念并由笔的概念导出线段的概念，试图在较长周期分析图上，让线段大体能够表达出次级别的走势类型，这当然是一个良好的愿望。

一、K 线与分型

与经典 K 线（蜡烛图）不同，缠论 K 线是一竖线或实体，在现行行情软件上看 K 线只关注最高点和最低点，忽略掉开盘价和收盘价，也无须关注阴阳属性。

（一）缠论 K 线的包含关系

一根 K 线的高低点在相邻的另一根 K 线的高低点范围内则形成包含关系（见图 2-1），在行情软件上有包含关系的 K 线甚多，如果出现在关键处就需要对其进行非包含处理。

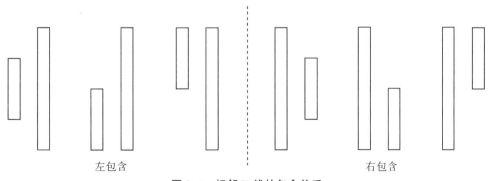

左包含　　　　　　　　　　　　右包含

图 2-1　相邻 K 线的包含关系

（二）非包含处理方法

在向上（即有包含关系的两根 K 线的首根 K 线与前一根 K 线比较是向上）

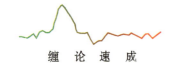
时，把两根有包含关系的 K 线的最高点当高点，而把两根有包含关系的 K 线低点中的较高者当成低点，这样合并成一根新的 K 线；反之，当向下（即有包含关系的两根 K 线的首根 K 线与前一根 K 线比较是向下）时，把两根有包含关系的 K 线的最低点当低点，而把两根 K 线高点中的较低者当成高点，这样合并成一根新的 K 线。

按时间顺序先左后右进行非包含处理，得到的新 K 线，仍可与右边相邻的 K 线进行非包含处理。

缠论创始人给出的这种非包含处理方法，在 K 线运动比较顺畅的时候使用比较理想，但在某些情形可能就会有疑问，如果在敏感位置也许会对后续处理产生有偏差的影响。例如，代码 000411 英特集团 2016 年 10 月 14 日对这根 K 线的处理（见图 2-12）。

笔者认为非包含处理时向上和向下的规定其合理性是大有疑问的，仅仅凭有包含关系的两根 K 线的首根 K 线与前一根 K 线比较就决定包含处理的方向很值得探讨：前面一直向上，后面也向上，只有这两根向下，导致向下处理包含关系，合理性没有被严格证明，应该找到更好更合理决定包含处理方向的定量方法。

（三）缠论 K 线的 4 种分型

后面论及 K 线的时候都指的是没有任何包含关系的 K 线。

缠论 K 线的 4 种分型分别是上升 K 线、顶分型、下降 K 线和底分型（见图 2-2）。所有的顶都必然是顶分型，所有的底都必然是底分型，或者说没有顶分型就没有顶，没有底分型就没有底，但这都是顶底形成的必要条件而非充要条件。

在某一操作周期级别的价格运动中，首次出现的顶分型或底分型有可能是中继性质，如此是不会导致行情反转的。

顶底分型有 3 个价位的重叠，因此可以看成是最小的中枢。

二、笔

（一）笔的定义

笔的定义：2 个相邻的顶分型和底分型之间，如果至少有 1 根独立 K 线，那么，连接顶底就构成 1 笔（见图 2-3）。顶分型必须高于底分型，否则不成笔。

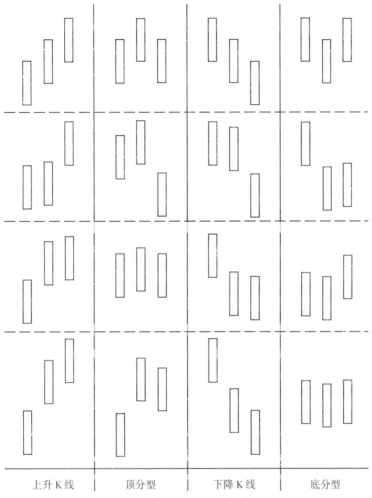

| 上升 K 线 | 顶分型 | 下降 K 线 | 底分型 |

图 2-2　缠论 K 线的 4 种分型

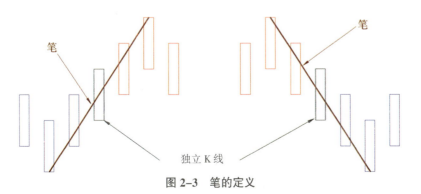

图 2-3　笔的定义

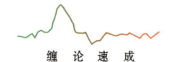

这个独立K线不属于顶分型或底分型的范畴，它属于一个独立区间，这个独立区间可以有很多根K线，但不能完全没有，至少要有1根。

（二）笔的延续原则

向上一笔完成后必定会有向下一笔，反之亦然。下一笔定义生成条件具备后即可确定上一笔完成；下一笔定义生成条件未具备，上一笔延续。

（三）笔的实战画法

第一步：对某只股票首先找到在日线左侧历史性的最低点或最高点。

第二步：然后从这个点出发可以根据需要开始日、30分钟和5分钟级别的画笔，观察起点到第1个波段顶或波段底是否满足笔的定义生成条件，如果满足就暂定一笔；再从这第1个波段顶或波段底出发，开始反向观察到下一个波段底或波段顶，看看这之间是否满足笔的定义生成条件，如果满足就暂定一笔，同时前一笔就确定坐实；如果不满足且又恢复原波动方向，则前一笔延续。

第三步：以上过程继续下去画出所有余下可画出的笔……（见图2-13、图2-14）

（四）笔定义及非包含处理方法质疑

缠论创始人对笔的定义和包含处理，本意可能是试图用替代方法避免低效率从分时图开始的递归，但缺陷是明显的。缠论创始人说："本ID的理论，本质上是一套几何理论，其有效性就如同几何一般，本ID理论当然有失败不严谨的时候，但这前提是几何的基础失败不严谨，不明白这一点，就不明白本ID的理论。"

缠论创始人的推导过程的确十分严谨，但是，将K线理想化了，导致几何的基础不严谨。市场价格千变万化，价格暴涨暴跌是常事，因而即便是相邻K线忽长忽短无定式、忽高忽低无定式，长短相差几倍十几倍也不是稀奇事；两根完全相同的K线内部包含的波动可以完全不同，或许丰富多彩，或许平淡无奇。因此，要找到高效率且完美替代从分时线开始向大周期递归的方法是何等困难。笔的定义的原本目标是要表达起码的波动，可又恰恰在于重视了缠论K线特定形态（笔的定义）的重要性却可能轻视了波动幅度的重要性（见图2-4）。

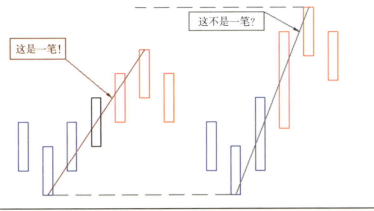

假设：

1. 所有 K 线都是光头光脚的传统 K 线，1、3 是传统阳线，2、4 是传统阴线，这样与缠论 K 线无异；

2. 1 和 3 形态、位置、分时波动完全相同；

3. 2 和 4 形态、位置、分时波动除了收盘相差 1 分钱其他都相同；

4. 3 和 4 低点相同形成包含关系；

5. 波动幅度完全相同。

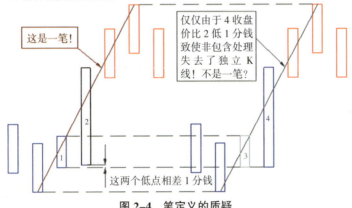

图 2-4　笔定义的质疑

　　非包含处理的方向，仅仅由有包含关系的两根 K 线中的首根 K 线和这两根 K 线之前的那根 K 线决定，合理性如何证明？

　　在没有找到更好的办法之前，缠论创始人提出的方法仍然很有实际意义，只是不要过度被定义所束缚。笔，必须客观反映波动，不受制于定义，波动幅度也很重要，也要给予高度重视和肯定，更好地表达波动结构的同构性才是首要。

　　笔者认为缠论最薄弱的环节恰恰是笔的定义以及笔的非包含处理方法，笔的

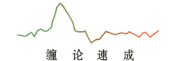
定义较多地关注了顶底分型而较少照顾波动的幅度，即没有关注到 K 线长短的无规则性。非包含处理方法合理性（如处理前先看向上向下的规定）、严密性均有疑问，更是经常会忽略掉很多真实且重要的波动。可是，目前还没有找到更好的办法解决这个问题。

笔者认为，最重要的是要展现各周期波动结构的同构性，它是核心，只要能够满足这一点并能有良好的递归性，那么就不要过分纠结于笔的定义以及严格的非包含处理，特别是在较大周期级别的图上使用时。能反映明显波动的一上一下就认成两笔，能向一个方向展开至少 2 个连续波动的就看成一个线段。缠论创始人自己在划分线段时就是这样做的。

笔者探讨，也是笔者自己的做法：①波动的相对幅度比笔的定义重要。是否可以考虑增加笔的定义的要求：如果 1 笔波动幅度过小且独立 K 线只有 1 根，那它就必须和相邻的属于顶分型或底分型的 K 线能够组成上升 K 线或下降 K 线分型，或者仅独立区间的 K 线就有或间接有上升 K 线或下降 K 线分型。②当波动幅度与邻近的一笔相当但却在笔上不符合定义时算作是一笔。③在行情软件上，画笔时，在有没有独立 K 线的疑问处，非包含处理可以严格，但在顶底分型处的非包含处理以不忽略显著性高低点为原则，违反这一原则时放弃非包含处理即视被包含 K 线（无论多少根）不存在。这样图 2-12 中的 2016 年 10 月 14 日的高点就得以保留。

（五）周 K 线出现顶底分型的后果

周 K 线顶分型一旦成立，那么，即使不形成周线图上的笔，也将至少调整到出现一个底分型，至少去碰一次 5 周均线，而一旦出现笔，调整的幅度就至少是总调整……周 K 线底分型，反之亦然。

三、线段

（一）线段的定义

线段的定义：线段由连续的、至少 3 笔构成，前 3 笔必须有重叠。组成一个线段的笔数为奇数（见图 2-5）。

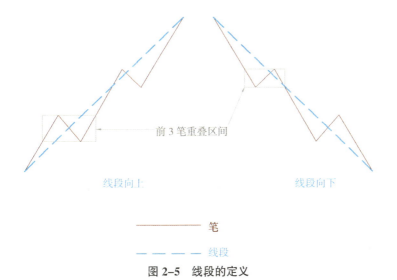

前 3 笔重叠区间

线段向上　　　　　　　　　线段向下

————————　笔

— — — — — —　线段

图 2-5　线段的定义

（二）线段的延续性

一个向下线段完成后一定对应着一个向上线段；一个向上线段完成后一定对应着一个向下线段。后线段形成条件具备才可以确定前线段完成（见图 2-15）。

缠论线段分解定理：线段被破坏，当且仅当至少被有重叠部分的连续 3 笔的其中 1 笔破坏。而只要构成有重叠部分的前 3 笔，那么必然会形成 1 线段，换言之，线段破坏的充要条件，就是被另 1 个线段破坏。

这个定理是说：线段必须被线段所破坏才能确定其完成（不要被本节学究气的描述搞晕了头！只要掌握好定义、领悟好这个逻辑，画线段没有那么神秘，可以很轻松的）。线段被线段破坏，必然是被从向上（或向下）笔开始的线段所破坏。单纯的一笔是不能破坏线段的（注：这里破坏线段意指终结线段，与后面的破坏含义不同），这就避免了一些特偶然因素对走势的干扰。

线段被笔破坏的定义：向上线段被向下笔破坏——向上线段中，最后一个笔峰顶为起点的向下笔跌破前一个笔峰顶线；向下线段被向上笔破坏——向下线段中，最后一个笔谷底为起点的向上笔突破前一个笔谷底线（见图 2-6）。

从转折点开始，如果第 1 笔就破坏了前一线段，进而该笔延伸出 3 笔来，其中第 3 笔破掉第 1 笔的结束位置，那么新的线段一定形成，前一线段一定结束（见图 2-7）。

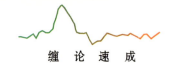

缠 论 速 成

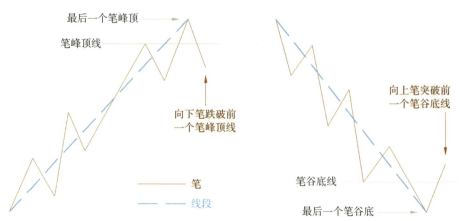

图 2-6　线段被笔破坏的定义

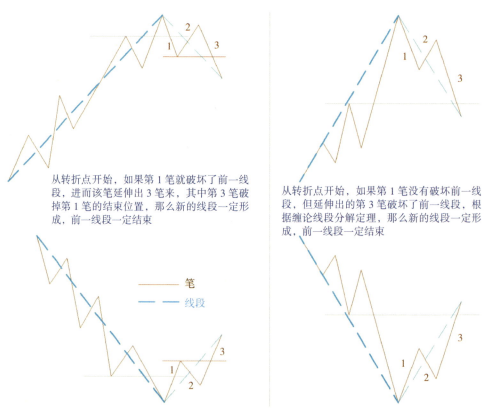

图 2-7　破坏笔导致新线段产生的情形

还有更复杂一点的情况，就是第 3 笔完全在第 1 笔的范围内。这种情况下，无非具有两种最后的结果：①最终还是破了第 1 笔的结束位置，这时候新的线段显然成立，旧线段被破坏了；②最终破了第 1 笔的开始位置，这样旧线段只被第 1 笔破坏，接着就延续原来的方向，那么显然旧线段依然延续，新线段没有出现（见图 2-8）。

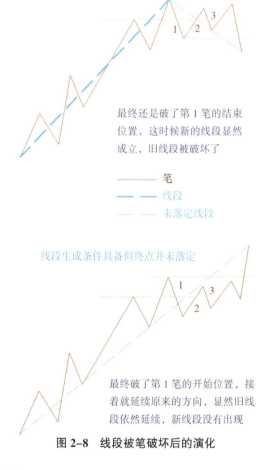

图 2-8　线段被笔破坏后的演化

（三）线段的作用

最小周期的线段构筑走势类型，它是构筑中枢的组件，或者说，在最小周期图上要画出含有中枢的走势类型，必须先画出线段。

某较大周期级别的一个线段常常是一个该周期的次级别周期的走势类型，但

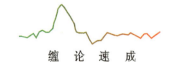

不绝对，也有可能是次次级别周期的走势类型，原因在于笔的"几何基础"、笔的非包含处理方法存在缺陷，导致线段只能近似地表达从最小周期递归的结果。例如，30分钟的一个线段常常是一个5分钟的走势类型（见图1-2、图1-3），日线的一个线段常常是一个30分钟的走势类型（见图1-5、图1-21），因此，画出来的某周期级别的线段，它们属于不同级别的走势类型也是有可能的，但递归表明，低级别周期图上的一个走势类型在高一级别周期的图上看则必定会是一个线段。

（四）线段的画法

笔的起点定在日线的历史性高点或低点，日线画线段最好从那里开始，30分钟线段也应该从那里开始，更小周期的线段则可以根据需要从关键节点开始。笔和线段的定义给人的感觉是论证精密，但是，正如前面已经指出的，它们只能近似地反映客观的波动，所以，不要教条地被定义束缚很重要。缠论创立者运用缠论时根本就没有死守定义，他说："对于大级别的图，分型、笔、线段等观察都是快速和不精细的，所以大概精确就可以。一般来说，看图看多了，根本就不需要一步步按定义来。例如，打开日线图，1秒钟如果还看不明白一只股票大体的走势，那就是慢了。"如果理解他所说的，应该就不会过分纠结于笔和线段的至善至美的精准画法，一定要纠结于此，那么可以这样定标准：**如果某一线段的画法能够准确地表达它的两端点时间段是一个该线段所在级别的次级别走势类型，那么，这个画法就是一个精准的、优秀的画法**（见图2-16、图2-17）。

（五）逆势缺口时线段的形成

缠论创始人说：缺口如果包含在1笔中，不是破坏原来的1笔，而是顺着原来的1笔下来，这种缺口和一般的走势没什么区别，还是应该包括在1笔里。**但有些突然性的逆势缺口必然要当成1段，而不能只当成1笔或1笔内部的走势了。**缺口可以这样去看，就像$0 = 0 + 0 + 0$，缺口可以看成是3个缺口的叠加，这样就有3笔以上了。还有，线段必须要被破坏才算结束（见图2-9）。

（六）线段中笔的数量

线段中笔的数量越多则表示次级别走势类型的能力越强。

线段构筑的中枢是线段所在周期的走势类型中枢，这个线段是一个次级别的

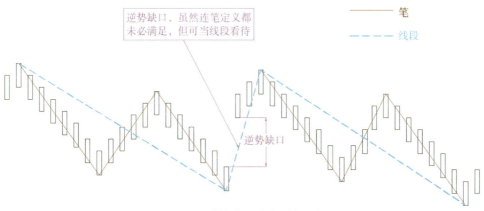

图 2-9　逆势缺口时线段的形成

走势类型最为理想，因为那是该周期走势类型中枢的标准组件。

在一个线段中常常会看到笔也会构成中枢的模样，可叫它笔中枢，笔中枢常常是次级别走势类型的中枢。

如日线的一个线段中的笔中枢常常是相应区间的一个 30 分钟走势类型的中枢，30 分钟的一个线段中的笔中枢常常是相应区间的一个 5 分钟走势类型的中枢，5 分钟的一个线段中的笔中枢常常是相应区间的一个 1 分钟走势类型的中枢。

（七）特征序列要点（以下为本节选读部分）

向上的线段看向下的笔 X_n，向下的线段看向上的笔 S_n。定义：序列 $X_1 X_2 \cdots X_n$ 为以向上笔开始线段的特征序列；序列 $S_1 S_2 \cdots S_n$ 为以向下笔开始线段的特征序列。特征序列两相邻元素间没有重合区间，称为该序列的一个缺口。

关于特征序列，把每一元素看成是一根 K 线，那么，如同一般 K 线图中找分型的方法，也存在所谓的包含关系，也可以对此进行非包含处理。经过非包含处理的特征序列，成为标准特征序列，特征序列都是指标准特征序列。特征序列的元素包含关系，前提是这些元素都在一特征序列里，如果是两个不同的特征序列之间的元素，讨论包含关系是没意义的。显然，特征序列的元素的方向，和其对应的线段的方向是刚好相反的，例如，一个向上线段后接着一个向下线段，前者的特征序列元素是向下的，后者是向上的，因此，根本不存在包含的可能。参照一般 K 线图关于顶分型与底分型的定义，可以确定特征序列的顶和底。以向上笔

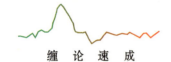

开始的线段的特征序列，只考察顶分型；以向下笔开始的线段，只考察底分型。

对于线段，首先要分辨的是特征序列中元素之间的包含关系。注意，处理特征序列元素间的包含关系，前提是这些元素都在一个特征序列里。显然，特征序列元素的方向，和其对应线段的方向是相反的。例如，一个向上线段后接着一个向下线段，前者的特征序列元素是向下的，而后者的特征序列元素是向上的，因此根本不存在包含的可能（见图2–10）。

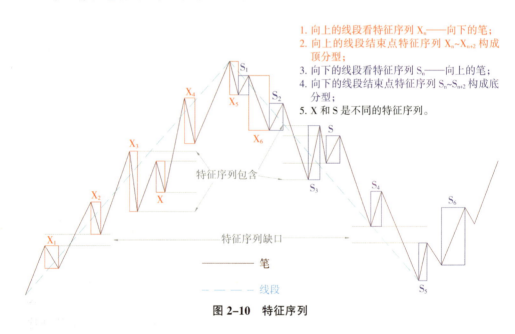

1. 向上的线段看特征序列 X_n——向下的笔；
2. 向上的线段结束点特征序列 $X_n \sim X_{n+2}$ 构成顶分型；
3. 向下的线段看特征序列 S_n——向上的笔；
4. 向下的线段结束点特征序列 $S_n \sim S_{n+2}$ 构成底分型；
5. X 和 S 是不同的特征序列。

图 2–10 特征序列

在标准特征序列里，构成分型的三个相邻元素，只有两种可能：

第一种情况（前面已经讲到，即线段被笔破坏的情况，见图2–17）：特征序列的顶分型中，第一和第二元素间不存在特征序列的缺口，那么该线段在该顶分型的高点处结束，该高点是该线段的终点；特征序列的底分型中，第一和第二元素间不存在特征序列的缺口，那么该线段在该底分型的低点处结束，该低点是该线段的终点。

第二种情况（见图2–11）：特征序列的顶分型中，第一和第二元素间存在特征序列的缺口，如果从该分型最高点开始的向下一笔开始的序列的特征序列出现底分型，那么该线段在该顶分型的高点处结束，该高点是该线段的终点；特征序

列的底分型中，第一和第二元素间存在特征序列的缺口，如果从该分型最低点开始的向上一笔开始的序列的特征序列出现顶分型，那么该线段在该底分型的低点处结束，该低点是该线段的终点。

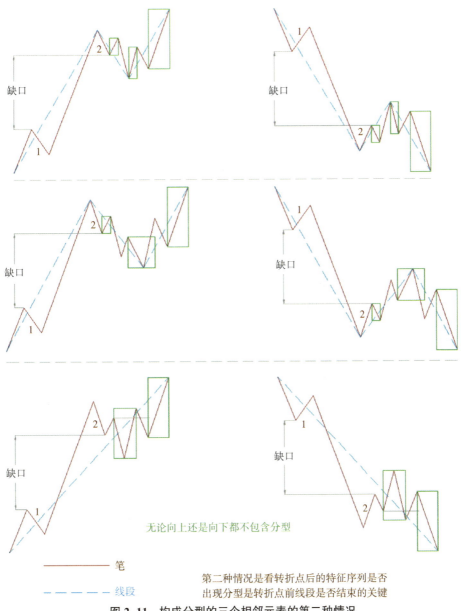

无论向上还是向下都不包含分型

———— 笔

----- 线段

第二种情况是看转折点后的特征序列是否
出现分型是转折点前线段是否结束的关键

图2-11 构成分型的三个相邻元素的第二种情况

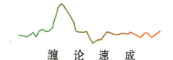
需要强调的是，在第二种情况下，后一特征序列不一定封闭前一特征序列相应的缺口，而且，第二个序列中的分型不分第一、第二种情况，只要有分型就可以。

上面两种情况，就给出所有线段划分的标准。显然，出现特征序列的分型，是线段结束的前提条件。"线段破坏的充要条件就是被另一个线段破坏"精确化了。因此，关于线段的划分，都以此精确的定义为基础。

特征序列的分型中，第一个元素就是以该假设转折点前线段的最后一个特征元素，第二个元素就是从这一转折点开始的第1笔，显然这两者之间是同方向的。如果这两者之间有缺口，那么就是第二种情况，否则就是第一种情况，然后根据定义来考察就可以了。

在实际划分中，会碰到一些古怪的线段。其实所谓的古怪线段，一点都不古怪，只是一般人心里有一个印象，觉得线段都是一波比一波高或者一波比一波低，其实线段完全不必要这样。一般来说，在类似单边的走势中，线段都很简单，不会有太复杂的情况，而在震荡中，出现所谓古怪线段的可能性就大大增加了。所有古怪的线段，都是因为线段出现第一种情况的笔破坏后最终没有在该方向由笔破坏发展形成线段破坏造成的，这是线段古怪的唯一原因。如果线段能在该方向上被线段破坏，那就很正常了。线段最终肯定都会被线段破坏，但线段出现笔破坏后，最终并不一定在该方向由该笔破坏发展成线段破坏，没有形成特征序列的分型，因此，就在这个方向上形成不了线段的破坏。如果线段中，最高点或最低点不是线段的端点，那么，在任何以线段为基础的分析中，把线段作为基础构成最小级别的中枢等，都可以把该线段标准化为最高（低）点都在端点。因为在以线段为基础的分析中，都把线段当成一个没有内部结构的基本部件，所以，只需要关心该线段的实际区间就可以了，这样就可以只看其高低点。经过标准化处理后，所有向上线段都是以最低点开始最高点结束，所有向下线段都是以最高点开始最低点结束，由此，线段的连接，就形成一条延续不断、首尾相连的折线，这样，复杂的图形，就会十分地标准化，也为后面的中枢、走势类型等分析提供了最标准且基础的部件。

四、目标观察阶段走势类型的快速标出

标出走势类型，就能清楚地知道现在价格运行在何处。

掌握了中枢、笔和线段的概念并能画出，那么在图上确定并标出走势类型就有了技术准备。选股，不可能每一只都从5分钟开始递归到日线这样观察，那效率会低得无法忍受。怎么办？还是要先从大局上把握，从较长周期分析图（如日线）开始看，并初步标出走势类型作为筛选的一步，只有等确定好目标后才可考虑选定的标的从关键位置开始精准递归画出走势类型。

根据需要，选择性初步标出日线、30分钟直到5分钟级别的走势类型，方法步骤举例如下：

（一）日线走势类型的标出

首先对目标标的，在日线图上观察一下左侧所有历史性高点和历史性低点，然后选择左侧前期一个最高点和一个最低点，先画出它们之间的笔和线段，找到构筑中枢所需要的至少3个重叠的线段，然后按照中枢的定义画出中枢。

假设在2019年5月1日这一天，开始观察的目标标的是代码300236的上海新阳，于是选定左侧前期2016年6月28日37.91元最高点和2018年10月30日10.65元最低点，画出它们之间的笔、线段和中枢，日线一个向下的盘整走势类型在图上就标识了出来（见图2-18）。但是，要注意的是，这只能是暂定，不见得是最后的结构，但不管怎样，可以先按照假定它是最后的结构定型来对待。

（二）30分钟走势类型的标出

代码300236上海新阳2018年10月30日见最低点10.65元后到现在2020年10月9日，一个向上的日线走势类型正在构筑中（见图2-19），中枢的进入段走出了一个线段的N结构，图2-18那个日线向下的盘整走势类型是定型了的。当前日中枢有可能构造完成，离开段向上攻击的可能性很大。2020年2月24日高点至2020年4月28日低点是构筑日中枢的第一个组件，一个向下的30分钟盘整走势类型（见图2-20）。

（三）5分钟走势类型的标出

向下的30分钟盘整走势类型（见图2-20）的进入段，2020年2月24日高

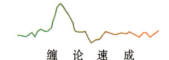

点至 2020 年 3 月 13 日低点是一个向下的 5 分钟盘整走势类型（见图 2-21）。

以上例子并不是说每只被观察的股票都必须这样画出这三个级别的走势类型。一般来说，先观察日线级别，有兴趣了再仔细一点，真的对它有意思了，那就老老实实地从 5 分钟开始向上递归，画出扎实可靠的各级别走势类型并保存好，然后跟踪下去。当然，如果很熟练了，划分线段有经验了（即画线段时一般能够看出它是一个次级别的走势类型），不递归也是可以的。

五、结合律

所谓结合律就是在遵守顺序、不重复使用的前提下，可以任意拆分组件然后重新安排前后的合并。图 2-20 这个 30 分钟下跌走势类型，在当初没有走出下跌走势类型的时候也是可以向上走另外一个走势类型的，这两种情形中枢的组件是不同的，这里就有结合律的应用：下跌走势类型中枢用的前三个线段作为组件，而如果走出向上的走势类型，那么中枢的组件就必须是后三个线段作为组件（见图 2-22）。

还有一种情形，有连续 5 个组件，如果前 3 个组件组成 1 个中枢那么后 2 个将划不进中枢内，而如果后 3 个组件组成 1 个中枢，那么前 2 个将划不进中枢内。笔者采取这种做法：在最小的区间里尽可能使组件数最大，于是有了图 1-25。中枢区间的调整会影响到第三类买卖点的判断，不可小视。

走势的组合有时候也可能会用到结合律，而走势组合的一个要点在于尽量避繁就简。中枢扩展比较复杂，如果有组合能使得不出现中枢扩展，那么采取这种组合就更有意义。如果对同一走势进行不同的拆分、组合，最后买卖点是一个相同的结果，那么这就是正确的拆分和组合。

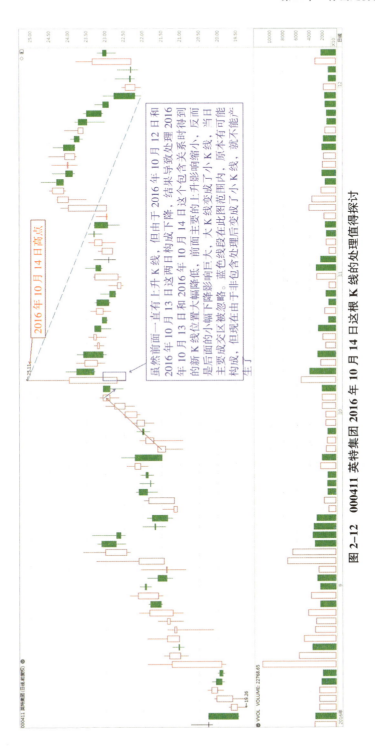

虽然前面一直有上升K线，但由于2016年10月12日和2016年10月13日这两日构成下降，结果导致处理2016年10月13日和2016年10月14日这个包含关系时得到的新K线位置大幅降低，前面主要的上升影响缩小，反而是后面的小幅下降影响巨大，大K线变成了小K线，当日主要变成交区被忽略。蓝色线段在此图范围内，原本有可能构成，但现在由于非包含处理后变成了小K线，就不能产生了

2016年10月14日高点

图2-12 000411 英特集团 2016年10月14日这根K线的处理值得探讨

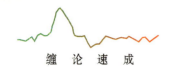

缠 论 速 成

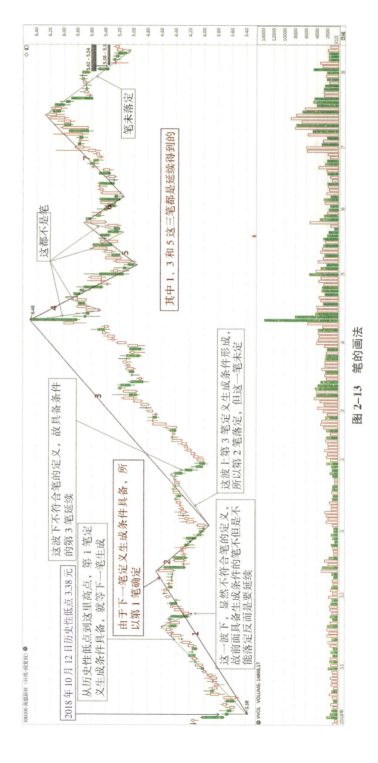

图 2-13 笔的画法

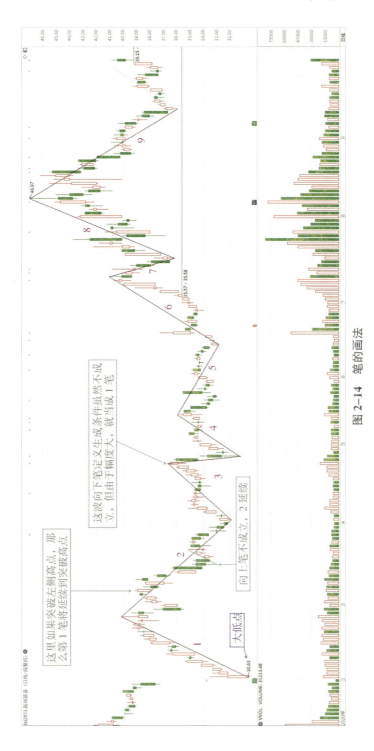

图 2-14　笔的画法

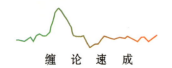
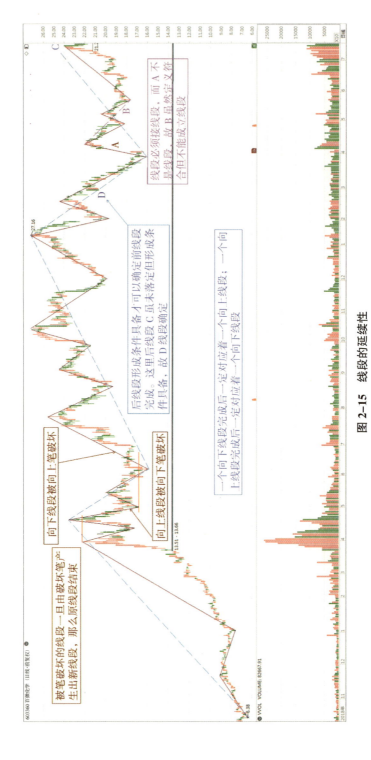

图2-15 线段的延续性

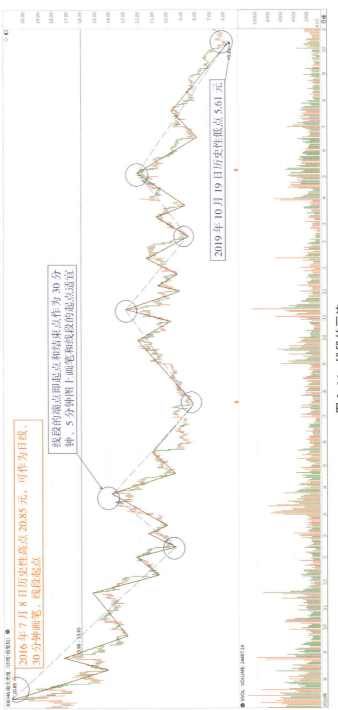

图 2-16　线段的画法

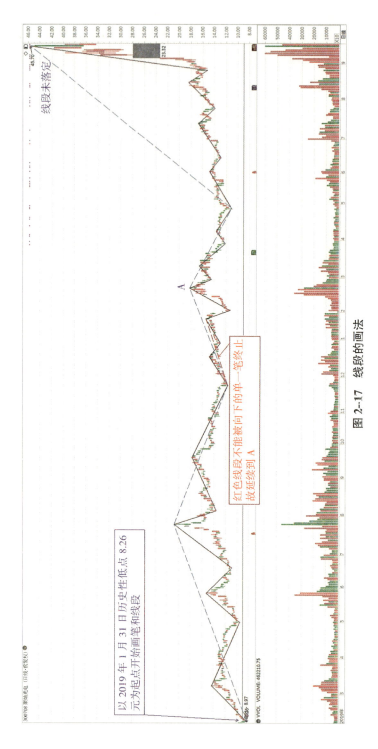

图 2-17　线段的画法

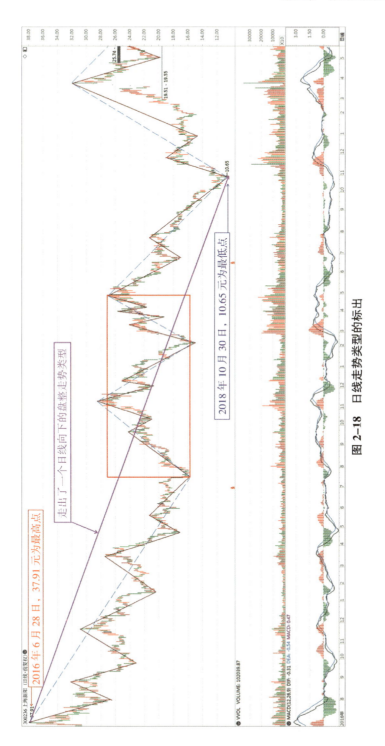

图 2–18　日线走势类型的标出

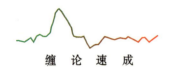
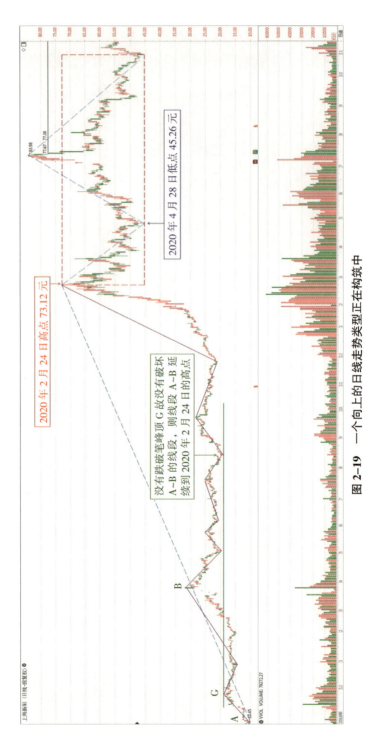

图 2-19 一个向上的日线走势类型正在构筑中

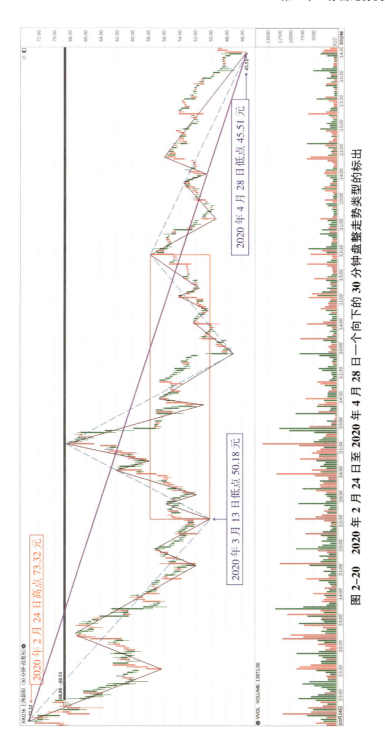

图 2-20　2020 年 2 月 24 日至 2020 年 4 月 28 日一个向下的 30 分钟盘整走势类型的标出

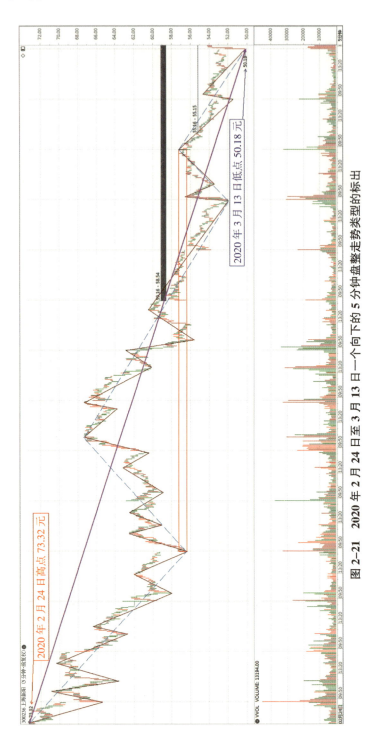

图 2-21　2020 年 2 月 24 日至 3 月 13 日一个向下的 5 分钟盘整走势类型的标出

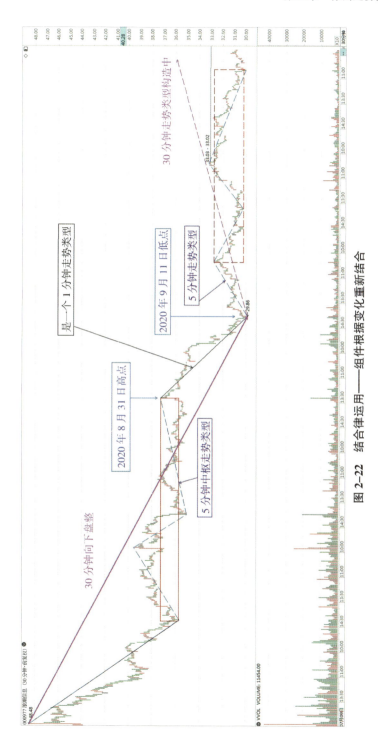

图 2-22 结合律运用——组件根据变化重新结合

第三章 背 驰

一、背驰的含义

背驰，背道而驰也。驱使股价向某一方向运动的力量，由于运动过度而开始衰竭的表现就叫作背驰，这是一种状态，而这种状态的极限点就叫作背驰点，到了这一点因不可持续就会走向反面。

在日常生活中，人们判断某一事物的发展势头衰竭，一定是依据比较得出的，这种比较往往是前后时间段情形的比较，缠论背驰的判断也是如此。缠论背驰是两相邻同向趋势间，后者比前者的走势力度减弱所造成的。

背驰和背离叫法不同而已，本质意义其实是相通的。

背驰有顶背驰和底背驰之分，顶背驰是指驱使价格向下运动的力量由于向下运动到极致而衰竭的表现，而底背驰是指驱使价格向上运动的力量由于向上运动到极致而衰竭的表现。

传统分析理论判断背离的时候是以相应周期的收盘价格坐实为基准判断的，缠论背驰的判断当然也是建立在比较段可被判定完成的情况下进行的。

二、背驰的类型

（一）趋势背驰

发生在某级别趋势走势类型（a+A+b+B+c）上的背驰，c段与b段比较力量衰竭，此为该级别趋势背驰。

对于（趋势）背驰来说，肯定不会发生在第一个中枢之后，而是发生在至少是第二个中枢之后。第二个中枢后就产生背驰的情况，一般占了绝大多数的比

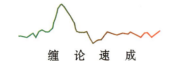

例。特别是在日线以上的级别，这种情况几乎达到 90%以上。因此一个日线以上级别的第二个中枢之后，要密切注意背驰的出现。在小级别中，如 1 分钟的情况下，这种比例要小一点，但也是占大多数。一般四五个中枢以后才出现背驰的，都相当罕见了。

（二）盘整背驰

发生在某级别盘整走势类型（a＋A＋b）上的背驰，b 段与 a 段比较力量衰竭，此为该级别盘整背驰。

盘整背驰最有用的，就是用在大级别上，特别是至少周线级别以上的，这种盘整背驰所发现的，往往就是历史性的大底部。

事实上，很多日线级别的盘整背驰也能提供历史性的大底部。

如果在第一个中枢就出现背驰，那不会是真正意义上的背驰，只能算是盘整背驰，其真正的技术含义，其实就是一个企图脱离中枢的运动，由于力度有限，被阻止而回到中枢里。

三、常用判断背驰的方法

最终的背驰点出现之前，价格运动已经处在了背驰状态（相当于 MACD 背离结构定型之前的钝化状态）。

可以说下文（一）和（二）的方法已经基本能满足判断所需，（三）和（四）所列的方法了解一下即可（也许在美股、港股上使用会多些），当前面两个方法都不能判断时可以使用。

（一）比较 MACD 柱的面积判断背驰

首先根据中枢与走势类型进行分析，其次选出需要比较力度的走势段，最后才用 MACD 辅助判断。即用两段对应的 MACD 红或绿柱的面积（面积代表能量，可通过统计区间 MACD 正或负值之和以代表面积）来进行比较。当后一段的 MACD 红或绿柱的面积比前一段的 MACD 红或绿柱的面积小时这个走势就发生了背驰（向上的看红柱子，向下的看绿柱子）。

对于趋势背驰，是将离开段或背驰段 c 与两个中枢的连接段 b 进行比较。当 c 段的走势类型完成时，对应的 MACD 柱子面积（向上的看红柱子，向下的看绿

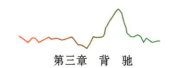

柱子）比 b 段对应的面积要小，这时候就构成标准的背驰（见图 3-7）。

对于盘整背驰，是将离开段与进入段进行比较。如果中枢形成后的次级别上涨或下跌离开段对应的 MACD 面积缩小，则构成背驰（见图 3-8、图 3-9）。

进入段和离开段方向相反时也可以比较，但此时比较的是颜色不同的 MACD 柱子面积。

用 MACD 指标辅助判断时，不用对太多的柱子面积进行相加，此时可以看（当然是对应的时间段的）大级别的 MACD 图，看起来一目了然。看 MACD 柱子的面积，不需要 c 段的柱子全出来。一般柱子伸长的力度变慢时，把已经出现的面积乘以 2，就可以当成该段的面积。实际操作中，根本不用回跌后才发现背驰，在上涨或下跌的最后阶段，结论就已出来了。利用该方法，一般都可以卖到最高价位或买在最低价位附近。（见图 3-7、图 3-15 相应位置的 MACD 绿柱更加清楚，对 2020 年 3 月 19 日的 MACD 绿柱和其左侧绿柱进行比较；图 3-8 对比图 3-10）

（二）比较中枢区间外运动的高度判断背驰

李晓军在其著作《零基础学缠论》中提出了这一方法，即比较中枢进入段和离开段在区间外的高度来判断背驰（见图 3-1）。这一方法非常简洁高效，有独到之处，是对缠论的发扬光大，很多时候比用 MACD 红或绿柱的面积来判断背驰的方法更为便利（见图 3-7 至图 3-9），特别值得推荐。

（三）比较趋势力度判断背驰

缠论趋势力度：前一缠论趋势的结束与后一缠论趋势开始，由短期均线（M5）与长期均线（M10）相交所形成的面积。在前后两个同向趋势中，当后一个缠论趋势力度比上一个缠论趋势力度弱时，就形成了背驰。

缠论创始人认为这是最稳妥的办法，但唯一的缺点是必须等（均线）再次缠绕后才能判断，这时候，走势离真正的转折点已经有一点距离了。如何解决这个问题？他说，第一种方法，看低一级别的图，从中按该种办法找出相应的转折点，这样和真正的低点基本没有太大的距离。

这一方法需要比较面积，背驰所在级别的这个面积差别有时候很不明显，又不好统计，无论是看低一级别找转折点还是看高一级别比较面积，都需要老练

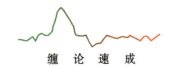

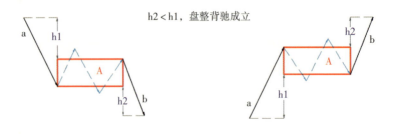

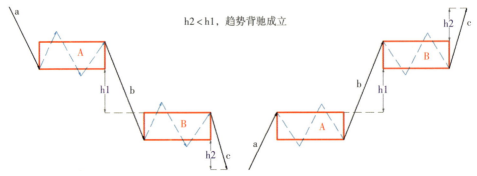

图 3-1　比较中枢区间外运动的高度来判断背驰

的切换。

　　缠论创始人还提出了一种技巧比较高的方法，缠论趋势平均力度对比法，就是当下与前一缠论趋势结束时短线均线与长期均线形成的面积除以时间。因为这个概念是即时的，马上就可以判断当下的缠论趋势平均力度与前一次缠论趋势平均力度的强弱对比，一旦这次比上次弱，就可以判断背驰即将形成；然后再根据短线均线与长期均线的距离，一旦延伸长度缩短，就意味着真正的底部马上形成。按这种方法，真正的转折点基本就可以完全同时抓住。但有一个缺陷，就是风险稍微大点，且需要的技巧要高点，对市场的感觉要好点。

　　（四）比较涨跌速度判断背驰

　　涨跌速度＝价格运动空间÷相应的价格运动时间。先计算出进入段的涨跌速度，然后持续监控离开段或背驰段的涨跌速度，如果后者的速度比前者低且仍在持续下降，那么，背驰点随时可能到来。

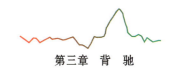

四、背驰的最初后果

（一）一定会有反向运动

趋势背驰之后一定会有反向运动，虽然同级别的反转不一定出现，但缠论保证有一个趋势背驰级别的次级别反向运动直到出现该次级别反向运动的买卖点。没有趋势背驰，也有可能出现反向运动，只是不能肯定当下的趋势已经结束。趋势 a+A+b+B+c 的 c 段没有背驰可以生成中枢 C 和 d 段而成为 a+A+b+B+c+C+d，甚至 c 段有背驰，也可生成中枢 C 和 d 段。

盘整背驰后也有反向次级别运动直到出现该次级别反向运动的买卖点（见图 3-11、图 3-12）。

（二）趋势背驰之后一定至少重新回到最后一个中枢

趋势背驰与盘整背驰的两种情况中，趋势背驰是最重要的，一旦出现趋势背驰，其回跌，一定至少重新回到最后一个中枢里（见图 3-2、图 3-7）。

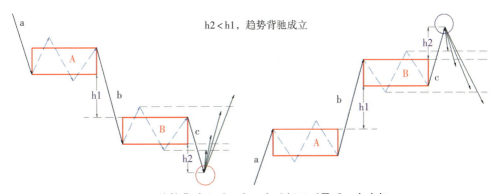

图 3-2　趋势背驰之后一定至少重新回到最后一个中枢

是不是马上重新回到最后一个中枢也许不确定，但肯定会，如果随后就回，也许会导致最后一个中枢演进；也许要过些时间，也许那时有了新的更高级别的中枢，那样回到中枢的身份就变了：它已经或者将要成为更大级别中枢的一员（组件）（见图 3-13），若果真如此，那么前两个中枢就会是这个高一级别中枢的进入段了（浅色字第二遍时看）。

盘整背驰之后，分 3 种情形（见图 3-3）：离开段未突破中枢的范围；离开段

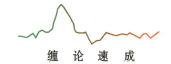
突破中枢的范围，是否回到中枢不确定，次级别出现买卖点时可以在中枢的范围或中枢区间之外，也可以在中枢区间甚至更远（见图 3-11）。

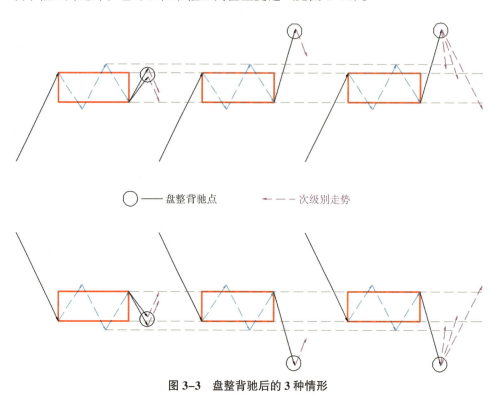

○——盘整背驰点   ← - - - 次级别走势

图 3-3 盘整背驰后的 3 种情形

（三）趋势背驰之后原走势类型终止

某级别的（趋势）背驰必然导致该级别原走势类型的终止，进而开始该级别或以上级别的另外一个走势类型。例如，一个 1 分钟级别的（趋势）顶背驰，就意味着必然导致一个至少 1 分钟级别的盘整或下跌走势类型。一个 30 分钟级别的（趋势）顶背驰，就意味着必然导致一个至少 30 分钟级别的盘整或下跌走势类型（见图 3-4；见图 3-5（a），图 3-5（b）阅读第二遍时看）。

（背驰的最终后果详见第六章）。

缠论背驰—转折定理：某级别趋势的背驰将导致该趋势最后一个中枢的级别扩展、该级别更大级别的盘整或该级别以上级别的反趋势。

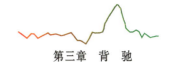
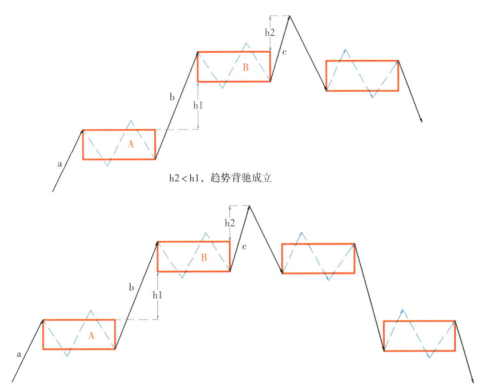

h2＜h1，趋势背驰成立

图 3-4　趋势背驰之后原走势类型终止，进而开始该级别（或以上级别）的另外一个走势类型

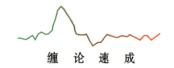

h2＜h1，趋势背驰成立

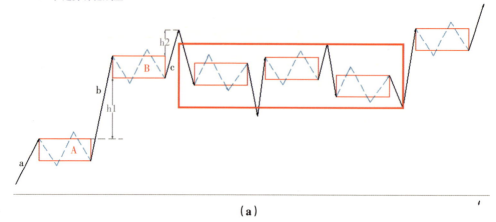

（a）

h2＜h1，趋势背驰成立

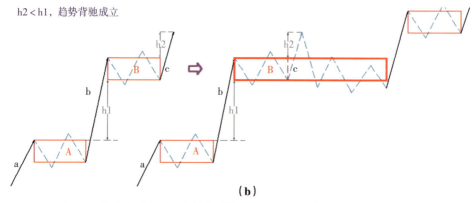

（b）

图 3-5　趋势背驰之后原走势类型终止，进而开始该级别（或以上级别）的
另外一个走势类型

五、区间套

（一）区间套的用途

大级别背驰仅在本级别找到精确的背驰点是极为困难的，但是用区间套在一般情况下可以寻找到背驰精准的位置。区间套如同一台显微镜，对背驰区域从大级别开始往小级别观察，最终在小级别锁定大级别转折的那一刻。

缠论精确大转折点寻找程序定理：某大级别的转折点，可以通过不同级别背驰段的逐级收缩范围而确定。换言之，某大级别的转折点，先找到其背驰段，然

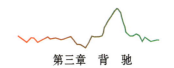

后在次级别图里，找出相应背驰段在次级别里的背驰段，将该过程反复进行下去，直到最低级别（1分钟的背驰段，对于大级别的转折点，已经足够精确了），相应的转折点就在该级别背驰段确定的范围内（见图3-14）。最低级别的背驰点一定要让它坐实，坐实判断给出时可能在最低级别上看已经滞后，因为要经过充分的时间，但反映到高级别上看就一点也不滞后了。

本级别已经处在背驰状态时要立刻想到用区间套密切观察次级别以下级别的背驰状态，本级别没有处在背驰状态也应该注意用区间套观察次级别以下级别的背驰状态，因为还有小转大。

对于较大周期的笔和线段，也可用区间套分析其相应时间段的次级别以下走势类型的演化，从而辅助判断结束的时间点。

（二）区间套使用步骤

第一步：确定两个需要比较的走势对象，它可以是盘整走势类型的离开段和进入段、趋势走势类型的背驰段和最近两个中枢的连接段、两个相邻的且同向的线段（包括中枢组件、N结构）、一个线段内部相邻同向的两笔（线段背驰：假设3笔构成一个线段，用区间套观察最后一笔的内部走势结构寻找走势类型的背驰点。背驰点出现则最后一笔结束，如果第3笔MACD柱面积或者垂直空间或者涨跌速度又小于第1笔的，则构成线段背驰，背驰点就是一个线段级别的买卖点），甚至直接监视跟踪线段起始点开始的、次级别以下级别走势类型的背驰等。

第二步：确定需要观察的、已经处在背驰状态的、需要寻找背驰点的一段走势，即第一步确定的两个对象的后一个。

第三步：观察目标确定后，上一级划定观察的起始时间点，再用区间套向下一级观察走势内部结构。

第四步：持续跟踪行情走势，监视最小级别是否发生背驰，从而确定最初的较大级别背驰点的位置。

（三）区间套应用举例

例1：日线线段结束点判断步骤。

（1）先在日线上确定需要观察的日线线段起始时间点，这里是2019年9月24日（见图3-15）；

（2）打开 30 分钟图，确定起始时间点 2019 年 9 月 24 日（见图 3-15）；

（3）持续跟踪到 2020 年 3 月 6 日，一个向下的 30 分钟趋势走势类型进入背驰段；

（4）打开 5 分钟图从 2020 年 3 月 6 日开始观察，走出了 2 个互不重叠的 N 结构大线段走势，线段背驰明显，另外通过笔中枢分析是一个 1 分钟下跌趋势走势类型，最终形成背驰点，这就是需要观察的日线线段的结束点（见图 3-16）。

例 2：向下的日线盘整背驰点判断步骤。

（1）日线图上确定进入离开段，且离开段当下是处在背驰状态，然后确定 30 分钟图区间套观察的时间起始点，它是日中枢离开段的起点（见图 3-17），不是要从这一天开始观察，是从后面确定它离开后开始的；

（2）等到 30 分钟的离开段也进入背驰状态，然后在 30 分钟图上确定 5 分钟图区间套观察的时间起始点，它是 30 分钟中枢离开段的起点（见图 3-18）；

（3）5 分钟图上没有该级别的走势类型，但有笔中枢，说明 30 分钟中枢离开段是该级别的次次级别即 1 分钟走势类型（见图 3-19）（符合缠论走势中枢定理二：在盘整中，无论是离开还是返回缠论走势中枢的走势类型必然是次级别以下的）；

（4）1 分钟下跌趋势走势类型背驰点 10.63 元就可判断为日线背驰段 b 的背驰点（见图 3-17）。

六、小转大

（一）小转大概念

小转大就是小级别背驰导致大级别转折。

标准的大级别走势类型的背驰可以通过背驰段与连接段或进入段的比较初步判断，背驰段是次级别走势类型，这个次级别走势类型内部也有背驰段，这些都可以通过区间套逐级观察到最小的背驰从而判断出大级别的精确背驰点（见图 3-14）。

但有时候大级别初步判断不出是否有背驰，次级别也看不到背驰，但用区间套在次次级别以下才观察到有背驰，结果最终引发大级别走势的转折，这就是小

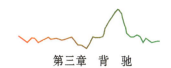

转大（见图 3–6）。

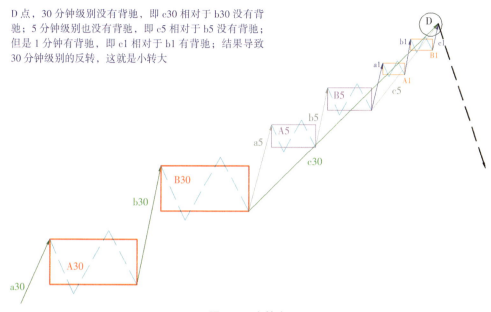

D 点，30 分钟级别没有背驰，即 c30 相对于 b30 没有背驰；5 分钟级别也没有背驰，即 c5 相对于 b5 没有背驰；但是 1 分钟有背驰，即 c1 相对于 b1 有背驰；结果导致 30 分钟级别的反转，这就是小转大

图 3–6　小转大

（二）小转大的产生

在趋势走势的冲顶或赶底之中，小级别背驰一般都会引发大级别的转折。小转大是趋同性强的结果，趋同性往往意味着主力控盘程度高，因此，小转大发生次数多的个股的主力控盘程度高。单边行情小转大也容易形成。

小转大在趋势走势类型 a + A + b + B + c 的 c 段易产生，在盘整走势类型 a + A + b 的 b 段也可以小转大。

李晓军发现在一些个股的小级别图上本级别至最小级别均未发生背驰也常引发大级别转折导致最终无法认定第一类买卖点的情况（见图 3–20 至图 3–23）。

（三）如何应对小转大

（1）离开段快涨快跌时均要当心小转大；

（2）小转大时没有第一类买卖点，此时就应用第二类买卖点（见图 3–24）。以上涨为例，如果小是 5 分钟甚至是 1 分钟，涨幅巨大后的高位就要高度警惕小转大，有苗头就要坚决设想可能就是转日线级别，那么在 30 分钟或 5 分钟的第二类卖点即可实施，不能傻等日线级别的第二类卖点了。

（3）小转大发生在涨幅巨大的 c 段时可能导致下跌空间巨大的反趋势走势类型，要随时准备离场，如果不想纠结于小转大，可以建立自己的定量交易标准，在 c 段高位可以不管不顾按照自己的定量标准实施操作。

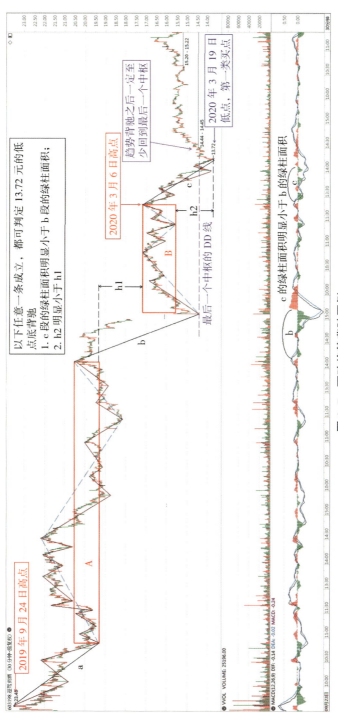

图 3-7　下跌趋势背驰图例

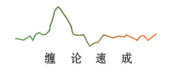
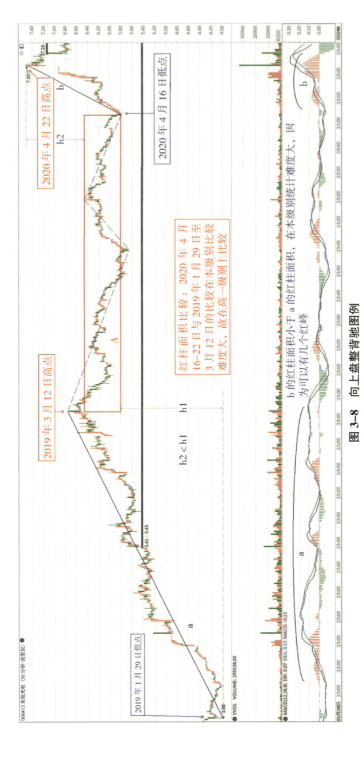

图 3-8　向上盘整背驰图例

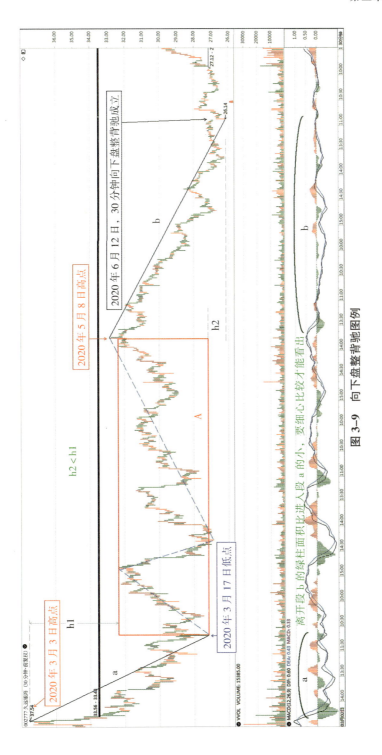

图 3-9 向下盘整背驰图例

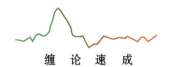

缠 论 速 成

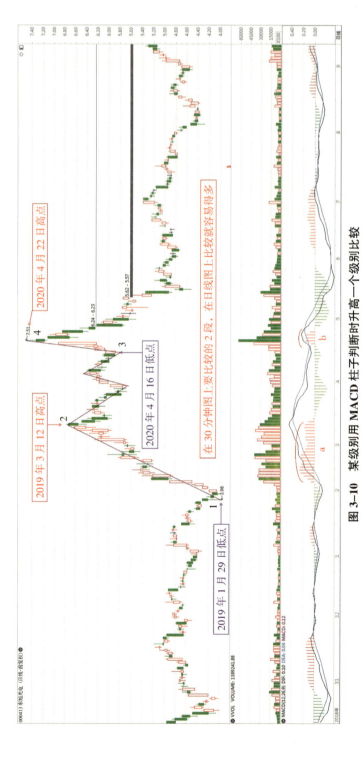

图 3-10　某级别用 MACD 柱子判断时升高一个级别比较

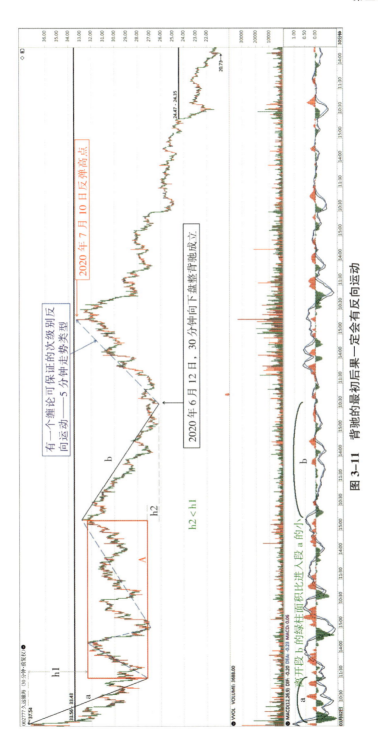

图 3-11 背驰的最初后果一定会有反向运动

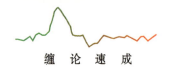

缠 论 速 成

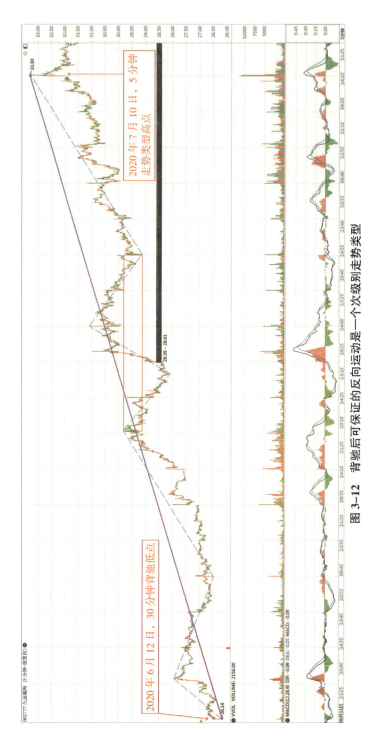

图 3-12　背驰后可保证的反向运动是一个次级别走势类型

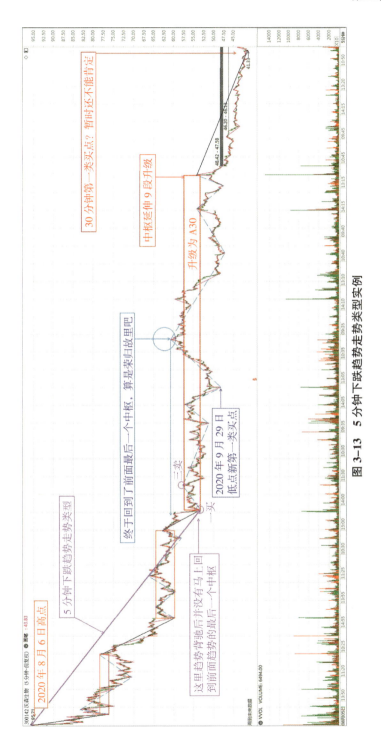

图3-13　5分钟下跌趋势走势类型实例

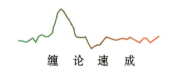
缠 论 速 成

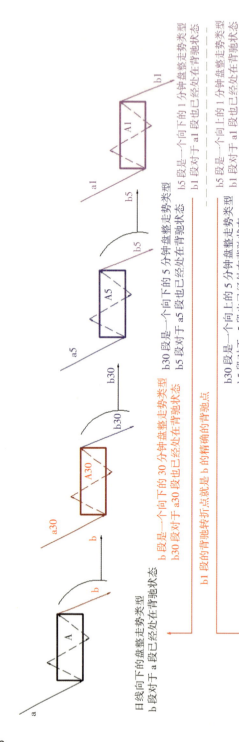

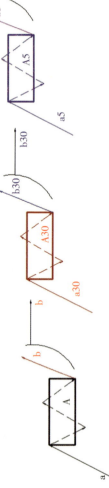

图 3-14 缠论精确大转折点寻找程序定理——区间套定理

注：以盘整走势类型为例说明。

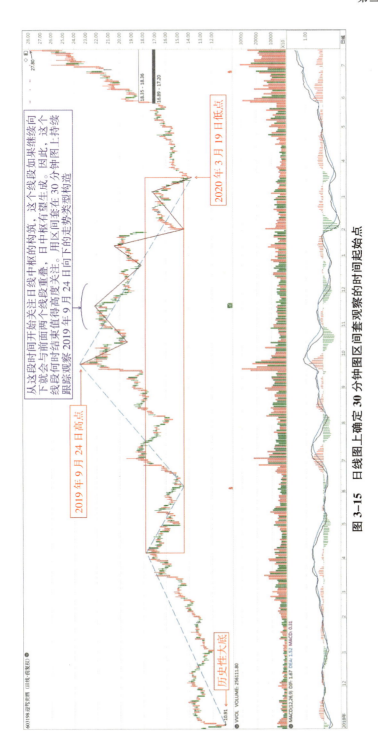

图 3-15 日线图上确定 30 分钟图区间套观察的时间起始点

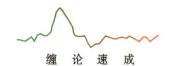

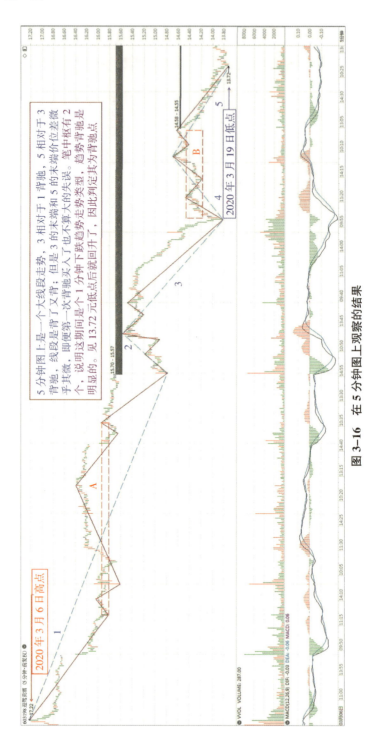

图 3-16 在 5 分钟图上观察的结果

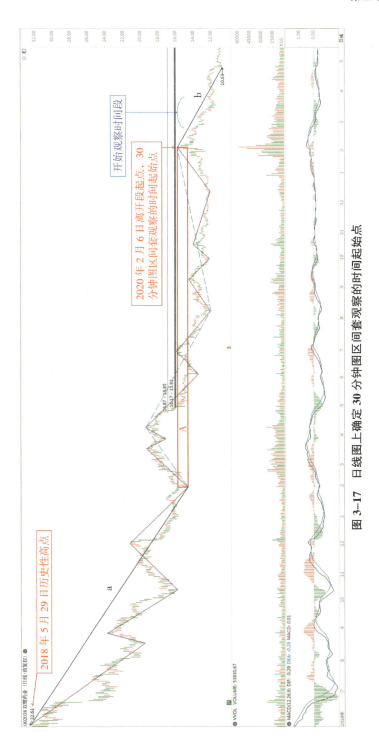

图 3-17　日线图上确定 30 分钟图区间套观察的时间间起始点

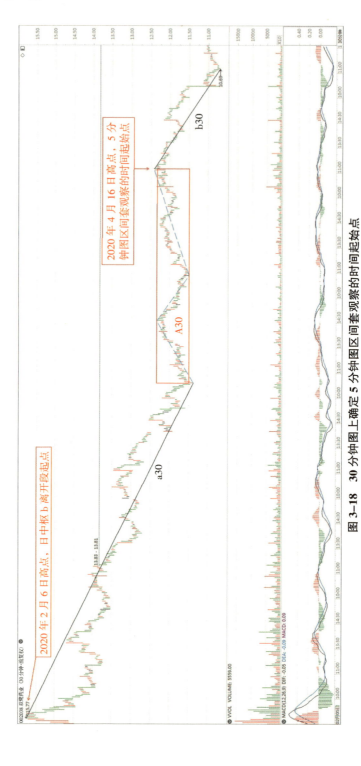

图 3-18　30 分钟图上确定 5 分钟图区间套观察的时间起始点

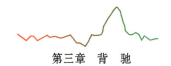

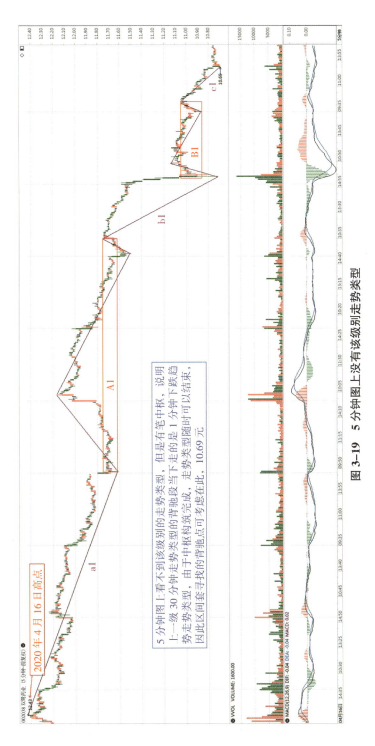

图 3-19　5 分钟图上没有该级别走势类型

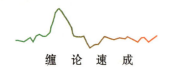

缠 论 速 成

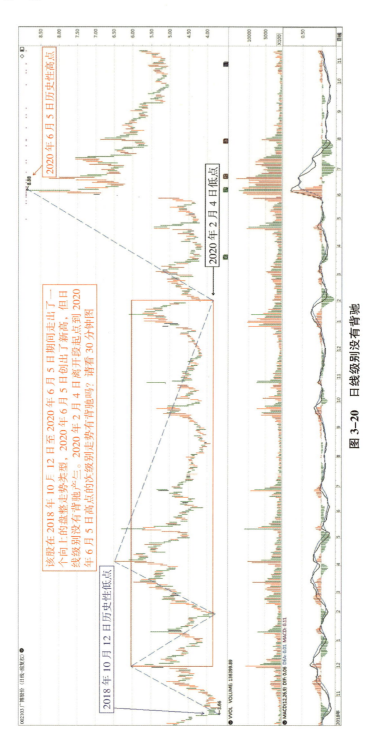

图 3-20　日线级别没有背驰

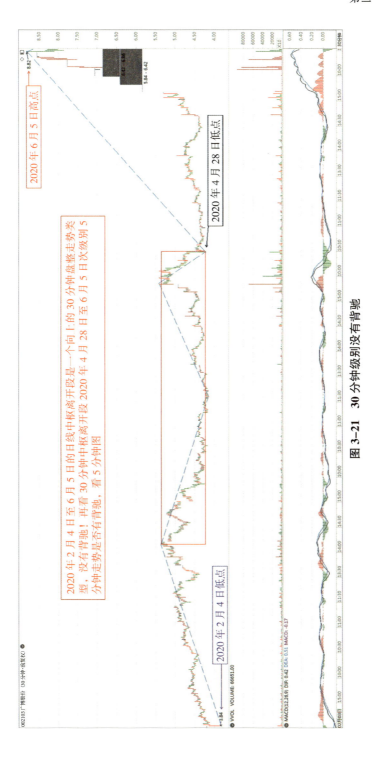

图 3-21　30 分钟级别没有背驰

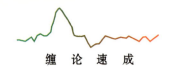

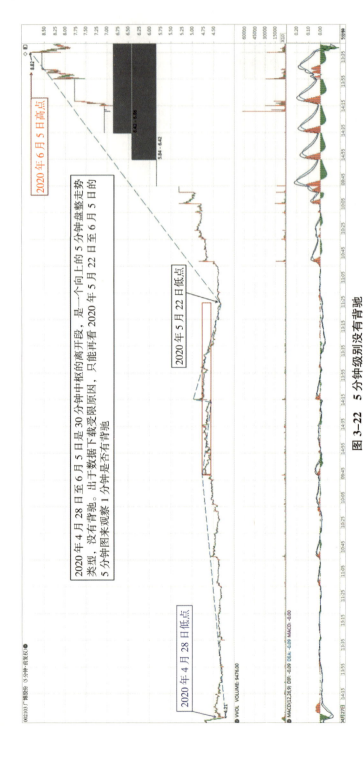

图 3-22 5 分钟级别没有背驰

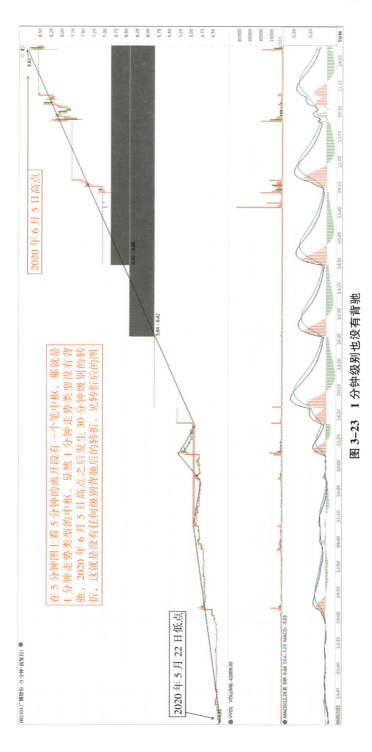

图 3-23　1 分钟级别也没有背驰

在 5 分钟图上看 5 分钟的离开段有一个笔中枢，那就是 1 分钟走势类型的中枢。显然 1 分钟走势类型没有背驰，2020 年 6 月 5 日高点之后发生 30 分钟级别的转折，这就是没有任何级别背驰后的转折。见转折后的图。

2020 年 6 月 5 日高点

2020 年 5 月 22 日低点

第三章　背　驰

091

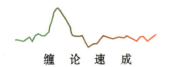
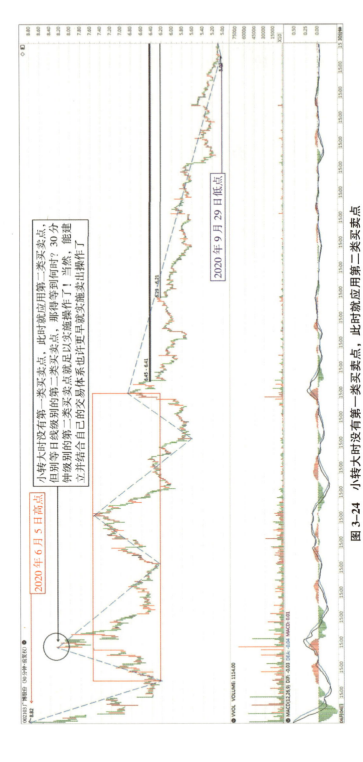

图 3-24 小转大时没有第一类买卖点，此时就应用第二类买卖点

第四章　三类买卖点

一、缠论买卖点定理

缠论背驰—买卖点定理：任一背驰都必然制造某级别的买卖点，任一级别的买卖点都必然源自某级别走势的背驰。

二、三类买卖点

（一）买卖点分类

买卖点分成三类：第一类买卖点、第二类买卖点和第三类买卖点。

1. 第一类买卖点（图 4-1；图 3-2 红圈位置为第一类买点，蓝圈位置为第一类卖点）（简称一买、一卖）

某级别趋势走势类型背驰引发的买卖点，是标准的该级别第一类买卖点（图 3-7 中的 13.72 元即为趋势底背驰第一类买点，图 4-12 中的 52.18 元即为趋势顶背驰第一类卖点）。

某级别盘整走势类型背驰引发的买卖点是该级别类第一类买卖点，也当成该级别第一类买卖点（图 3-9 中的 26.14 元即为盘整底背驰第一类买点；图 3-8 中的 7.50 元即为盘整顶背驰第一类卖点）。盘整背驰引发的这种类第一类买卖点在较大级别上的实战意义不可低估，缠论创始人认为是周线级别以上，笔者经过研究认为，30 分钟级别就值得高度重视了。

第一类买卖点是背驰点。背驰段出现第一类买点发生反弹，显然，该反弹一定触及最后一个中枢的 DD，这种只触及最后一个中枢的 DD 的反弹（见图 3-2 左，最短的绿色箭头），就是背驰后最弱的反弹。反之亦然（见图 3-2 右，最短

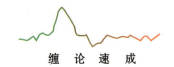
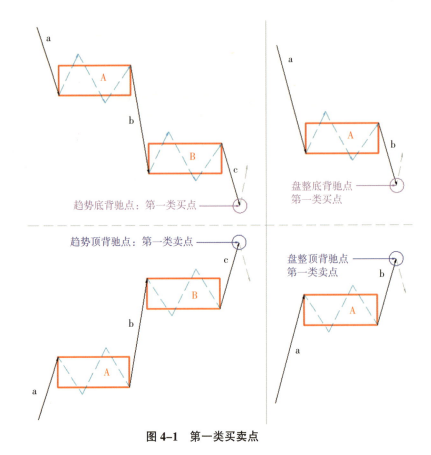

图 4-1 第一类买卖点

的绿色箭头）。

如图 3-13 所示，小级别的第一类买点常有背了又背的情形，李晓军提出除了提高操作级别外，用第二类买点来确认第一类买点，操作第二类买点来提高买点的稳定性。如此，图 3-13 的当成第一类买点买入的失误也许能够最大程度地避免。

2. 第二类买卖点（图 4-2）

某级别第一类买卖点出现后上涨或下跌后的回抽完成一个次级别的走势类型且不创新低或新高，即形成本级别第二类买卖点，简称二买、二卖（见图 4-2；日线级别第二类买点：图 4-13、图 4-14；30 分钟级别第二类卖点：图 4-15、图 4-16）。第二类买卖点常常但不绝对是新中枢第一个组件生成的位置（可以有 N

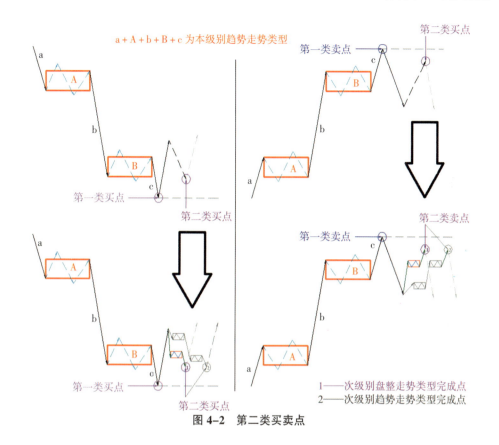

图 4-2　第二类买卖点

结构形成第二类买卖点）。

　　第二类买点，不必然出现在（前面一个）中枢的上或下，可以在任何位置出现，（前面一个）中枢下出现的，其后的力度就值得怀疑了，出现扩张性中枢的可能性极大；在（前面一个）中枢中出现的，出现中枢扩张与新生的机会对半；在（前面一个）中枢上出现的，中枢新生的机会就很大了。但无论哪种情况，盈利是必然的；反向亦然（见图 4-3）。

　　第二类买卖点最强的情况就是第二、第三类买卖点合一（即在前面一个中枢上出现），一般都对应 V 形反转，是最有力度的。第二类买卖点一般性走势是第一、第二、第三买卖点，是依次向上或向下，一个比一个高或低。**第二类与第三类买点之间的震荡买点**（即新生中枢组件的下端点），**也可以看成是第二类买点。**

　　涨幅巨大的高位，突发消息出来后，在实际的操作中就不能放过第二类卖

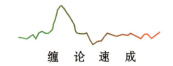

点。不过要注意，并不是任何第二类卖点都需要反应的，这和级别有关，突发消息破坏的级别越大，越不要等相应级别的第二类卖点。例如，一个向下缺口把一个日线级别的上涨破坏了，那么，消息出来当天盘中的 1 分钟，甚至线段的第二类卖点，都是一个好的走人机会。这种情形的大顶部不仅是大级别的顶部，也是小级别的顶部，是最大级别顶部以下所有级别的顶部，而所有的转折点都源自第一类买卖点（见后文（二）转折的源头第一类买卖点），所以按小级别的第二类卖点卖出是有理论依据的。这是纯粹按照缠论技术提供的卖点进行操作，普通散户完全可以建立自己的定量辅助系统在敏感位置提示卖点。

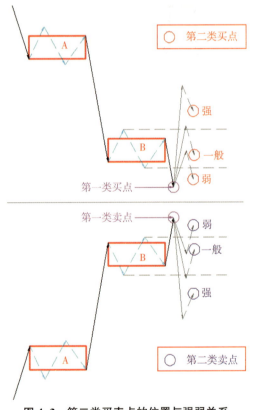

图 4-3 第二类买卖点的位置与强弱关系

一般来说，高点一次级别向下后一次级别向上，如果不创新高或盘整背驰，都构成第二类卖点，而买点的情况反过来就是了。第一类买卖点是最佳的，第二类只是一个补充；但在小级别转大级别的情况下，第二类买卖点就是最佳的，因

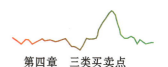

为在这种情况下，没有该级别的第一类买卖点。

3. 第三类买卖点（简称三买、三卖）

缠论第三类买卖点定理：一个次级别走势类型向上离开缠论走势中枢，然后以一个次级别走势类型回试，其低点不跌破 ZG，则构成第三类买点；一个次级别走势类型向下离开缠论走势中枢，然后以一个次级别走势类型回抽，其高点不升破 ZD，则构成第三类卖点。

第三类买卖点，处在第一类买卖点之后的，且离开中枢之后回抽，完成一个次级别走势类型且不再进入中枢区间的位置（第三类买点见图 4-17、图 4-18；第三类卖点见图 4-19、图 4-20）。此中枢可以是新形成的（见图 4-4），也可以是底或顶背驰点前面走势的最后一个中枢（见图 4-5）。第三类买点一定在中枢区间上方形成，第三类卖点一定在中枢区间下方形成（见图 4-4、图 4-5）。

第二类买卖点常常（但不绝对）是本级别新中枢第一个组件（一个完成的次级别走势类型）生成的位置

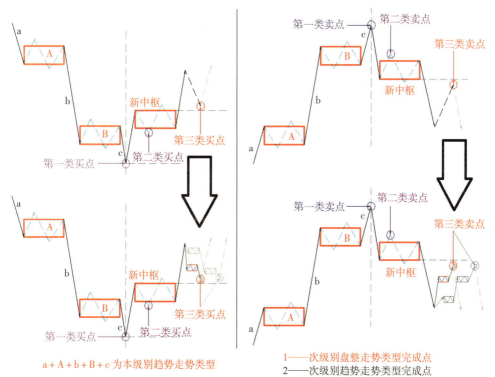

图 4-4　新中枢生成后的第三类买卖点

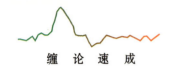
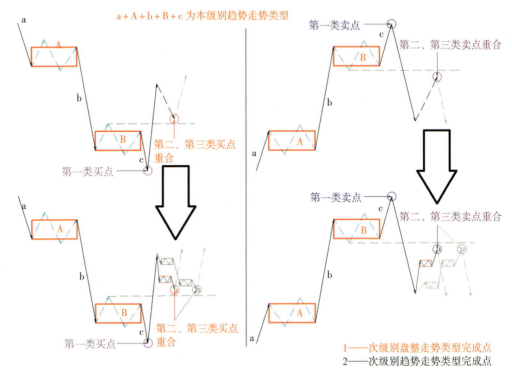

图 4-5 新中枢未生成的第三类买卖点和第二类买卖点重合

第三类买卖点对于短线高手意义非凡，但是不能机械教条地运用概念。缠论创始人说：在大幅快速波动的情况下，一个小级别的第三类买卖点就足以值得介入。例如，对一个周线中枢的突破，如果真要等周线级别的第三类买卖点，那就要一个日线级别的离开以及一个日线级别的反抽，这样要等到何年何月？因此，一个 30 分钟甚至 5 分钟的第三类买卖点都足以介入了。但这里有一个基本的前提，这种小级别的大幅突破必须和一般的中枢波动分开，这种情况一般伴随最猛烈、最快速的走势，成交量以及力度等都要相应配合。

以做多为例，实际上，别说是周线的情况，就是在日线级别也常见大幅快速波动的情况下如果死等日线级别的第三类买点出现将错失这之前的主升行情（见图 4-21 至图 4-25：注意该股日线级别三买因与中枢组件有重叠会导致日中枢扩张，是一个低质量的三买），极端情形最为激烈时突破日线中枢时连 5 分钟第三

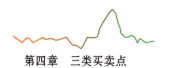

类买卖点都看不到，要到了涨幅巨大的高位才会露出玩弄你的笑脸（见图4-26、图4-27）。做空的情形反之。

　　小级别的第三类买卖点概念虽然原本不是针对日线或周线中枢说的，但是，它并不局限于是针对小级别中枢而言。这可以从两个方面看：一是大幅快速波动时小级别中枢在被突破的日线或周线中枢的组件中（见图4-26），二是各级别的第三类买卖点均依托相应级别的中枢而有效，大级别的中枢隐含的能量更大、后方更加可靠，因此作为小级别第三类买卖点的依托更加有资格、有力量，这就是突破大级别中枢时可以大胆放心使用小级别第三类买卖点的根本原因所在。

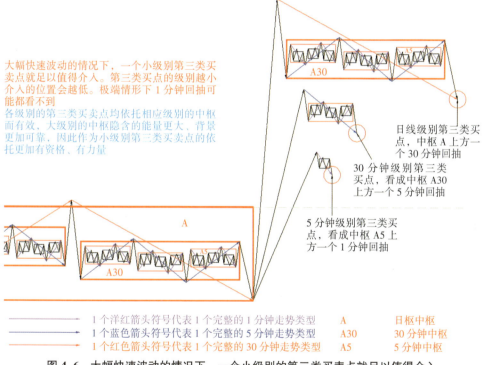

图4-6　大幅快速波动的情况下，一个小级别的第三类买卖点就足以值得介入

　　因此，小级别的第三类买卖点在行情激烈的时候至关重要，但是，这种行情多是建立在大级别中枢确立的基础上的，所以特别要求小级别的第三类买卖点必须是出现在被突破的大级别中枢区间外附近，如操作的是日线级别，小级别的第三类买点最好在日线中枢区间上方附近。如果出现在高位，除非您是短线高手，

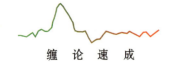

否则，还是不要介入，因为这种模式对您不合适。

日线级别的第三类买点，那是前面的行情都错过了之后最后的机会、最晚的买点，但盈利绝对是可保证的。只要足够长时间日线级别的第三类买点一定会出现，只是在最极端的情况下，这个买点位置不是离中枢很远了就是即便回到日线中枢附近但时间已经过去了很久，当然有一点是绝对的，就是该买点后一定继续向上。反之亦然。

日线级别的第三类卖点，对于中短线来说当然是卖出或继续卖出的机会。某级别的第三类卖点是专注于该级别中枢震荡操作者的安全气囊，而对于一般做中长线的散户则不能够熬到此时才卖出，最高最理想的卖出位置必然是日线级别的第一类卖点。

（二）转折的源头第一类买卖点

所有的买卖点，最终都可以归到某级别的第一类买卖点，而背驰与该种买卖点密切相关，可以这样说，任何的逆转必然包含某级别的背驰。

缠论趋势转折定律：任何级别的上涨转折都是由某级别的第一类卖点构成的；任何级别的下跌转折都是由某级别的第一类买点构成的。

注意：这里的某级别不一定是次级别，因为次级别里可以是第二类买卖点，而且还有这种情况，就是不同级别同时出现第一类买卖点，也就是出现不同级别的同步共振，所以这里只说是某级别（见图4-13至图4-20）。因此，本级别的二、三类买卖点可以用区间套在次级别以下找到相对应的第一类买卖点。

买卖点是有级别的，大级别能量没耗尽时，一个小级别的买卖点引发大级别走势的延续，那是最正常不过的。但如果一个小级别的买卖点和大级别的走势方向相反，而该大级别走势没有任何衰竭，这时候参与小级别买卖点，就意味着要冒着大级别走势延续的风险。

（三）第二类买卖点和第三类买卖点的重合

只有第二类买点与第三类买点是可能重合的，这种情况就是：第一类买点出现后，一个次级别的走势凌厉地直接上破前面下跌的最后一个中枢，然后在其上产生一个次级别的回抽，且不触及该中枢，这时候，就会出现第二类买点与第三类买点重合的情况，也只有这种情况下才会出现两者的重合；第二类卖点与第三

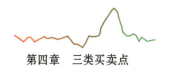

类卖点的重合反之亦然（见图4-5）。

第二类买卖点和第三类买卖点重合的反转力量很大，走势凶猛。

两类买点重合的股票后市一般会有一波壮观的行情，一个大级别的上涨往往就会出现。在反弹的第一次次级别回试后买入那些反弹能达到最后一个中枢的股票而且最好是突破该中枢的、回试后能站稳的（就是二三买重合的），根据走势必完美，一定还有一个次级别的向上走势类型，如果这一走势类型出现盘整背驰，那就要卖掉，如果不出现，那就买到了一只所谓V形反转的股票，其后的力度当然不会小。两类卖点重合则正好相反。

（四）买卖点转换

李晓军提出了买卖点转换这一现象：如果第一、第二类买卖点出现后不能继续涨或跌从而进入先前的中枢，那就可能导致第三类买卖点的出现。因此，在利用第一、第二类买卖点进场或离场后，如果次级别走势完成但没有进入最后一个中枢内，要考虑更大级别的第三类买卖点可能出现，需要及时退出或再次进入。可能在小级别上常发生这种情况，是对缠论的一个补充和发展（见图4-7）。

缠论创始人指出一旦出现趋势背驰，其回跌，一定至少重新回到最后一个中枢里。如图3-13所示，第3个中枢的进入点已经是前面有两个中枢后的趋势背驰点即一买，但是反弹不但是没有回到第2个中枢，反而是走出了第3个中枢的第一个组件且与第二个中枢组件没有任何重叠，这里一买就转换成了三卖。

（五）关于三类买卖点的判断

缠论创始人给出了一个布林通道（BOLL-M）辅助判断三类买卖点的方法（该指标三条线，上、中、下三个轨道，一般性地，在上轨以上和下轨以下运行是超强状态），转述如下，可供参考研究：

判断第一类买卖点：一般来说，从上轨上跌回其下或从下轨下涨回其上，都是从超强区域转向一般性区域，这时候，如果再次的上涨或回跌创出新高或新低但不能重新有效回到超强区域，那么就意味着进入中阴状态了，也就是第一类买卖点出现了。

判断第二类买卖点：更有效的是对第二类买卖点的辅助判断，一般来说，在进入中阴状态，上轨和下轨都会滞后反应，也就是等第一次回跌或回升后再次向

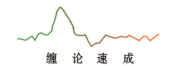

缠 论 速 成

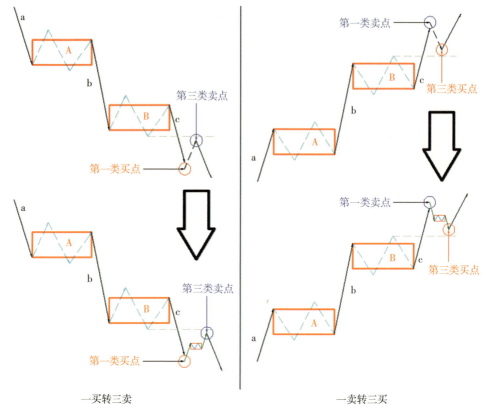

图 4-7 买卖点的转换

上或下跌时，上轨和下轨才会转向，而这时候转向的上轨和下轨，往往成为最大的阻力和支持，使第二类买卖点在其下或其上被构造出来。

判断第三类买卖点：一般来说，某一级别的布林通道收口，就意味着比这低级别的某个中阴过程要级别扩展或结束了，一般都对应着相应的第三类买卖点（即判断第三类买卖点中阴阶段结束）。

要勤动手，一定要熟练使用行情软件上的画图工具，目标的价格运动只要有进展就要及时画出图表达，这样，判断三类买卖点并不是一件难事，前面给出的图已经有不少例子。

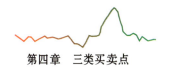
三、买卖点应用策略

（一）缠论短差程序

大级别买点介入的，在次级别第一类卖点出现时可以先减仓，其后在次级别第一类买点出现时回补（见图4-8）。

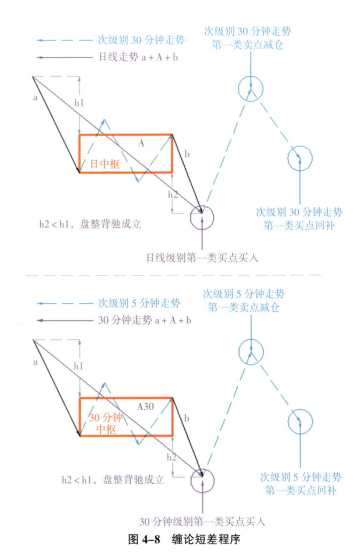

图4-8　缠论短差程序

这个短差程序是缠论创始人提出的一个做短差的办法。例如，日线第一类买

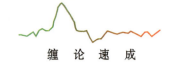
点买入后，在向上的次级别走势类型也就是 30 分钟走势类型的完成点即其第一类卖点减仓，然后会走向下的次级别 30 分钟走势类型，其完成点是次级别的第一类买点，在这里回补（见图 4-8）；30 分钟第一类买点买入后，在向上的次级别走势类型也就是 5 分钟走势类型的完成点即其第一类卖点减仓，然后会走向下的次级别 5 分钟走势类型，在其完成点是次级别的第一类买点回补（不给图，不建议小散户做这样的短线操作）。

（二）缠论第二利润最大定理

在不同交易品种的交易中，在确定的操作级别下，以上激进的缠论（第三类买点买入）操作模式的利润率最大。

缠论创始人提出：一种更激进的操作方法，就是不断换股，也就是不参与中枢震荡，只在第三类买点买入，一旦形成新中枢就退出。例如，操作级别是 30 分钟，那么中枢完成（这里是指第三类买点出现之前的这个中枢，中枢完成则指的是第三类买点出现——笔者注）向上时一旦出现一个 5 分钟向下级别后下一个向上的 5 分钟级别走势不能创新高或出现背驰或盘整背驰，那么一定要抛出，为什么？因为后面一定会出现一个新的 30 分钟中枢，用这种方法，往往会抛在该级别向上走势的最高点区间（见图 4-9）。按 30 分钟操作的投资者，在一个 30 分钟级别的第三类买点后的中枢上移，如果上移是从 10 元开始的，只要不形成新的 30 分钟中枢，那么就算到了 100000 元，你还是要拿着。为什么？因为没有卖点（见图 4-9、图 1-26）。第二定理虽然激进，但也需要有激进的市场机会（30 分钟级别能走出上涨趋势走势类型的品种也不常见——笔者注）。如果市场没有可操作级别的第三类买点，那也只能干等。第一定理不需要这么强的市场条件，基本上除了最恶劣的连续单边下跌连大点儿的中枢都没有的品种，都可以操作。在实际操作中，两者不能偏废。

在确定了买卖级别后，那种中枢完成后向上移动时的差价是不能做的，中枢向上移动时应该满仓，这才是最正确的仓位。如果这个中枢完成之后的向上移动出现背驰，就要把所有筹码全部抛出。背驰意味着这个级别的走势类型完成了，要等待下一个买点了。**如果不背驰，就意味着有一个新中枢形成。**

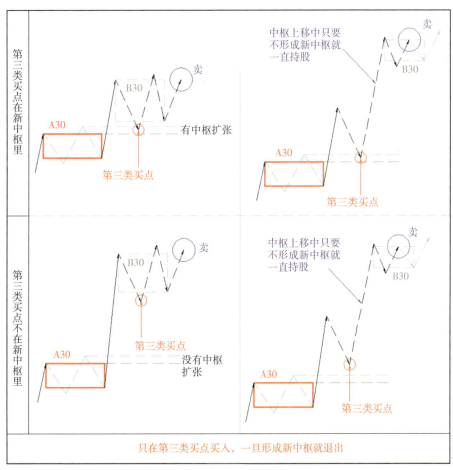

图 4-9　一种更激进的操作方法

（三）第三类买卖点的提示作用

第三类买卖点是终结原中枢的信号，是中枢破坏点，其意义是应对中枢结束。一个级别的中枢结束，无非面对两种情况，转成更大的中枢或上涨下跌直到形成新的该级别中枢，第三类买卖点就是告诉我们什么时候发生这种事情……（见图 1-26）。第三类买卖点虽然是在 ZG 线上或 ZD 线下出现，但如果同时也是在 GG 线下或 DD 线上，那么形成新的该级别中枢的难度加大，因为已经与当前中枢的组件发生重叠了。所以，只有在 GG 线上或 DD 线下生成的第三类买卖点，上涨或下跌形成新的该级别中枢的可能性大。

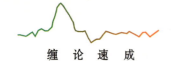

（四）底部精确的定义（顶部反之）

底部是分级别的，如果站在精确走势类型的角度，那么第一类买点出现后一直到该买点所引发的中枢第一次走出第三类买点前，都可以看成底部构造的过程。如果是第三类卖点先出现，就意味着这底部构造失败了；反之，第三类买点意味着底部构造的最终完成并展开新的行情（见图4-10）。

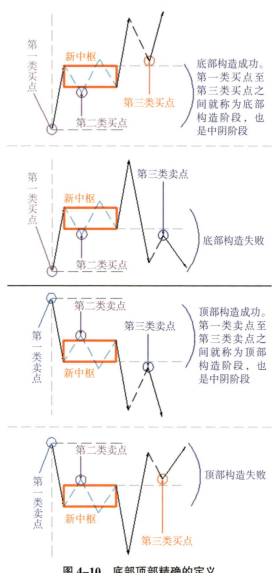

图4-10 底部顶部精确的定义

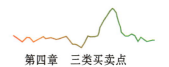

四、中阴阶段

一个旧的走势结束至一个新的走势确立，即第一类买卖点到第三类买卖点之间的阶段，叫中阴阶段。第一类买卖点是中阴阶段的起点，第三类买卖点是中阴阶段的终点（见图4-10、图4-29至图4-31）。走势结构，最重要的就是有中阴部分的存在，中阴状态的存在，反映了行情走势生长阶段的未确定性。

在波动形式上中阴阶段和中枢震荡（即价格围绕中枢区间上下来回波动震荡）相同，两者在买卖操作上也没有不同，但中阴阶段有特定位置，而中枢震荡在任何阶段都可以出现，中阴阶段只不过是特定位置的中枢震荡。中阴阶段结束后，不一定就是真正的反转，也可以是继续延续前一走势类型的方向，如上涨＋盘整＋上涨，这样的结构是完全合理的。上涨＋盘整＋下跌，上涨＋下跌等，同样是可能的选择。

中阴阶段的存在，就在于市场发展具体形式在级别上的各种可能性。这些可能性的最终选择，并不是预先被设定好的，而是市场合力的当下结果，这里有着不同的可能性。而这些可能性，在操作上并不构成大的影响，因为都可以统一为中阴过程的处理。例如，1分钟级别下跌背驰后，就进入中阴时段。首先，根据走势分解的基本定理知道，其后的行情发展，一定是一个超过1分钟级别的走势。但超过1分钟级别的走势，存在很多可能。这些可能，首先一个最基本的原则是，必须先出现一个5分钟中枢，因为无论后面是什么级别的走势，只要是超1分钟级别的，就一定先有一个5分钟中枢，这没有任何特例的可能。而这个100%成立的结论，就构成操作中最大也是100%准确的基本依据。当然，如果是按5分钟以上级别操作的，那么这个5分钟中枢的中阴过程可以说是不存在的，可以根本不管。

这5分钟中枢成立后，就必然100%面临一个破坏的问题，也就是一个延伸或者第三买卖点的问题。当然，如果这中枢不断延伸，搞成30分钟中枢了，那就按30分钟中枢的第三买卖点来处理，以此类推，总要面临某一个级别的第三买卖点去结束这个中枢震荡。一般性地我们可以以5分钟中枢后就出现第三类买卖点为例子，那么，这个1分钟的走势，就演化为5分钟的走势类型，至于是只

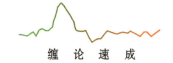
有一个中枢的盘整，还是两个中枢的趋势，用背驰的力度判断就可以把握。

五、中枢上移和中枢震荡

任何市场的获利机会只有两种：中枢上移（即中枢新生途中）与中枢震荡。

某级别中枢上移就意味着该级别的上涨走势，中枢震荡可能是该级别的盘整，或者是该级别上涨中的新中枢形成后的延续过程。

在操作级别下，中枢上移中是不存在任何理论上短差机会的，除非这种上移结束进入新中枢的形成与震荡。**中枢震荡是短差的理论天堂**，只要在任何的中枢震荡向上的离开段卖点区域走掉，必然有机会在其后的中枢震荡中回补回来，唯一需要一定技术要求的，就是对第三类买点的判断，如果出现第三类买点不回补回来，那么就有可能错过一次新的中枢上移，当然，还有相当的机会进入一个更大的中枢震荡，那样回补回来的机会还是绝对的。

（一）中枢上移

中枢上移就是中枢新生的途中（见图 4-9 下部）。中枢新生是指同级别的前后两个或两个以上的中枢（后一个中枢是形成第三类买卖点后生成的），无论是它们的组件之间还是围绕中枢产生的任何瞬间波动之间都没有任何重叠，则构成中枢的新生，也就是趋势（见图 1-9 至图 1-17、图 1-25、图 1-26）。

（二）中枢震荡

缠论第一利润最大定理：对于任何固定交易品种，在确定的操作级别下，以上缠论操作模式（指中枢震荡操作模式。中枢震荡——围绕中枢区间上下来回地波动，见图 4-11）的利润率最大。

在出现第三类买点之前，中枢未被破坏，有所谓的中枢震荡。第三类买点之后，中枢已经完成，就无所谓中枢震荡了。以上方法是对固定操作品种来说的，也就是不换股操作。别小看中枢震荡的力量，中枢震荡弄好了，比所谓的黑马来钱快而且安全，可操作的频率更高，实际产生的利润更大。

中枢震荡的操作，卖点都是出现在向上离开中枢、盘整背驰时；买点出现在回到中枢向下盘整背驰时。该模式不需要强的市场条件，基本上，除了最恶劣的连续单边下跌、连大点的中枢都没有的，都可操作。

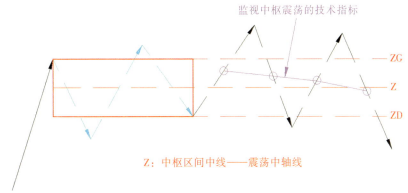

图 4-11　中枢震荡的监视器

（三）中枢震荡的监视器

一个中枢确立后，中枢区间的一半位置为震荡中轴（Z），每一个次级震荡区间的一半位置（见图 4-11 中洋红圆圈）如果在 Z 之上震荡偏强，反之偏弱。这些"一半位置"连成曲线（见图 4-11 中洋红连线）就构成一个监视中枢震荡的技术指标。最终这个曲线肯定要超越 ZG 或 ZD，但超越并不意味着一定要出现第三类买卖点，这种超越可以是多次的，只有最后一次才构成第三类买卖点。一旦有超越就是一个很大的提醒：震荡面临变盘，所谓变盘就是指第三类买卖点的产生。如果这超越没有构成第三类买卖点，一般将构成中枢震荡级别的扩展，虽然没有绝对性但概率很高。

围绕中枢做差价时，在中枢上方仓位减少，在中枢下方仓位增加。注意，做差价的前提是中枢震荡依旧。一旦出现第三类卖点，就不能回补了。用中枢震荡力度判断的方法，完全可以避开其后可能出现第三类卖点的震荡。

中枢震荡中不换股可操作因频率高且安全因而产生利润的速度快，并不比做趋势差。站在纯理论的角度，没有任何股票是特别有操作价值的，中枢震荡的股票不一定比相应级别单边上涨的股票产生的利润少。只有差的操作者，没有差的股票。股票只是废纸，本质上都是垃圾，如果技术、心态不到位，任何股票都可以让你倾家荡产。当然，对于小资金来说，一定要选择股性好的股票。

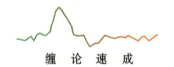

缠 论 速 成

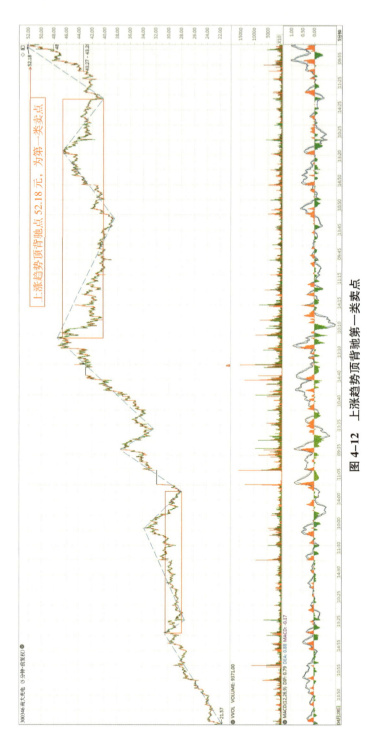

图 4-12 上涨趋势顶背驰第一类卖点

110

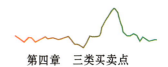

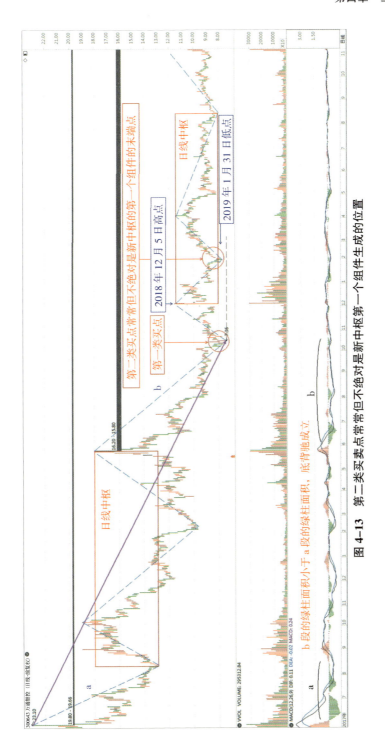

图 4-13　第二类买卖点常常但不绝对是新中枢第一个组件生成的位置

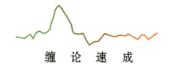
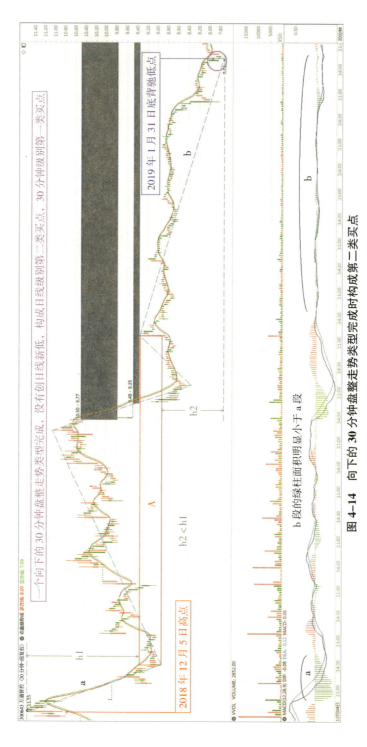

图4-14 向下的30分钟盘整走势类型完成时构成第二类买点

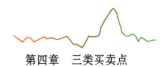

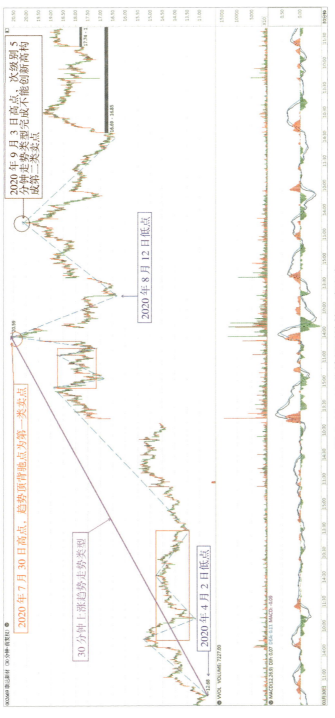

图 4-15 30 分钟级别的第二类卖点

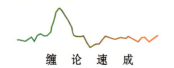
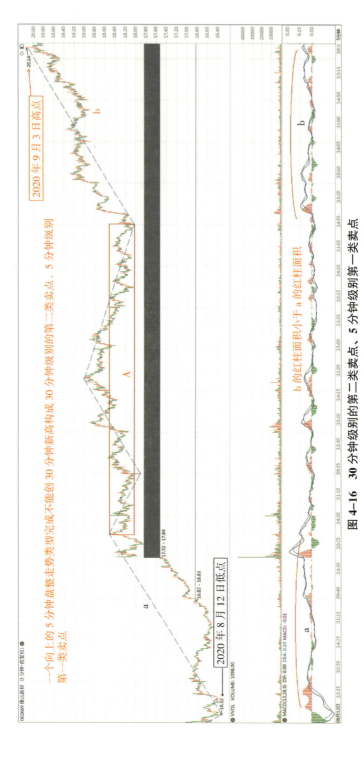

图 4-16　30 分钟级别的第二类卖点、5 分钟级别第一类卖点

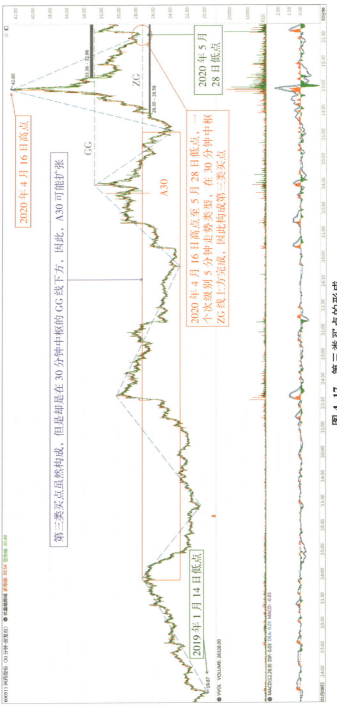

图 4-17　第三类买卖点的形成

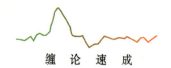
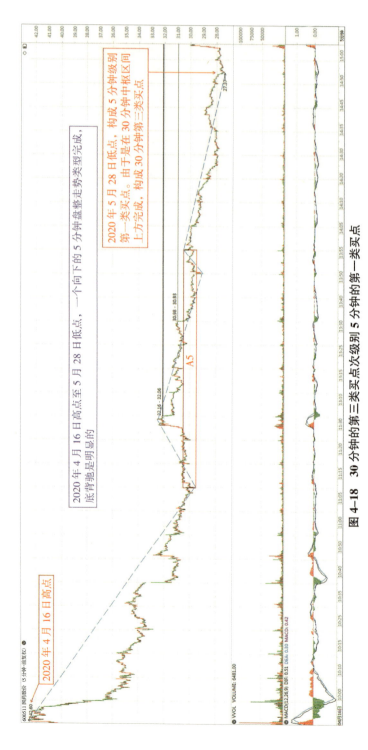

图 4-18 30 分钟第三类买点次级别 5 分钟的第一类买点

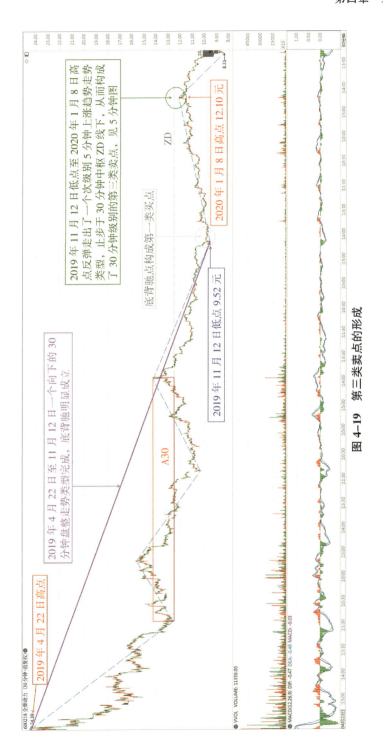

图 4-19　第三类卖点的形成

2019 年 11 月 12 日低点至 2020 年 1 月 8 日高点反弹走出了一个次级别 5 分钟上涨趋势走势类型，止步于 30 分钟中枢 ZD 线下，从而构成了 30 分钟级别的第三类卖点，见 5 分钟图

2019 年 1 月 8 日高点 12.10 元

底背驰点构成第一类买点

2019 年 11 月 12 日低点 9.52 元

2019 年 4 月 22 日至 11 月 12 日一个向下的 30 分钟盘整走势类型完成，底背驰明显成立。

2019 年 4 月 22 日高点

A30

ZD

600218 全柴动力 (30 分钟前复权)

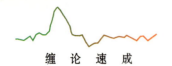

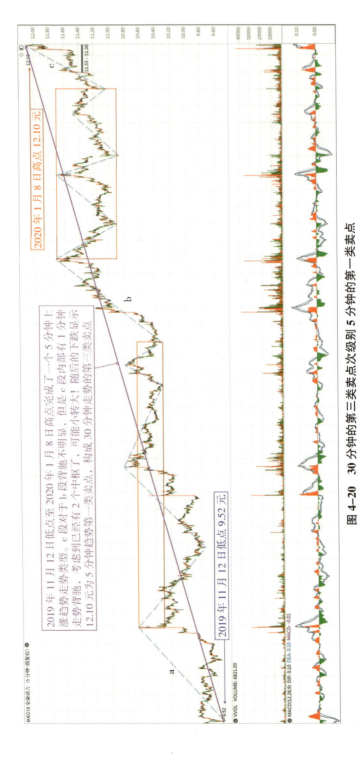

图 4-20 30 分钟的第三类卖点次级别 5 分钟的第一类卖点

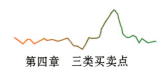

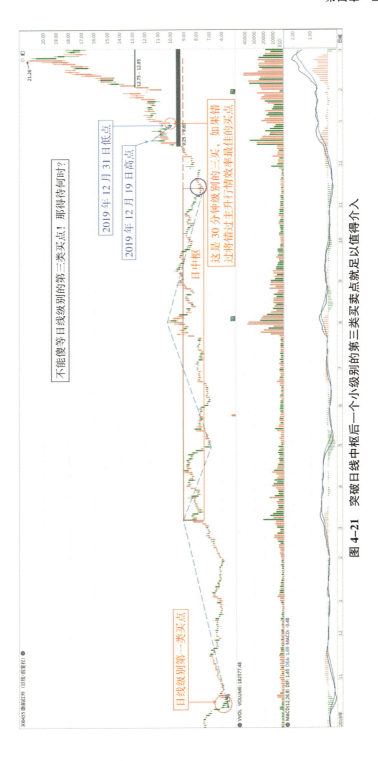

图 4-21 突破日线中枢后一个小级别的第三类买卖点就足以值得介入

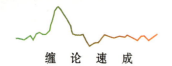

缠 论 速 成

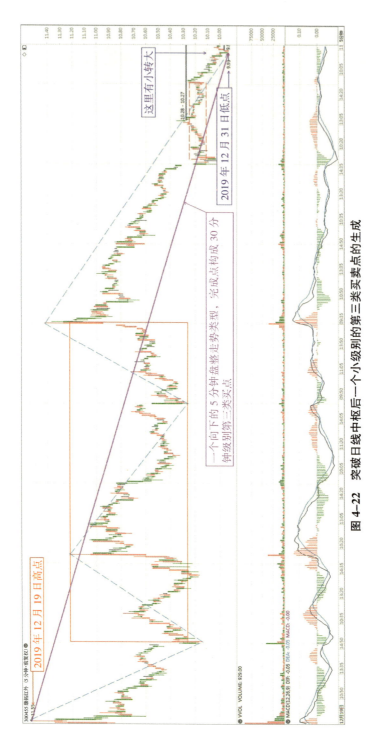

图 4-22 突破日线中枢后一个小级别的第三类买卖点的生成

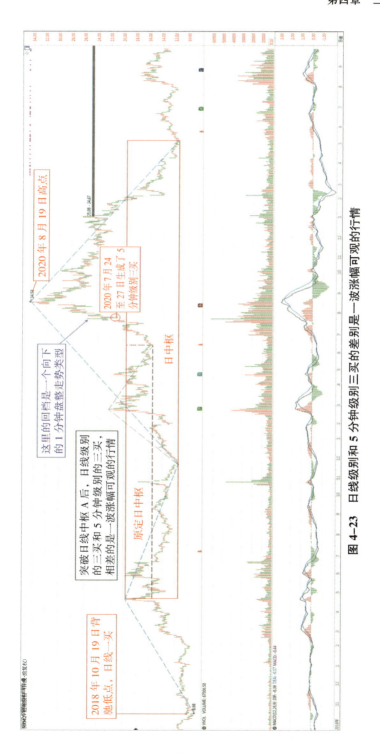

图 4-23　日线级别和 5 分钟级别三买的差别是一波涨幅可观的行情

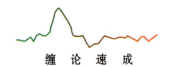
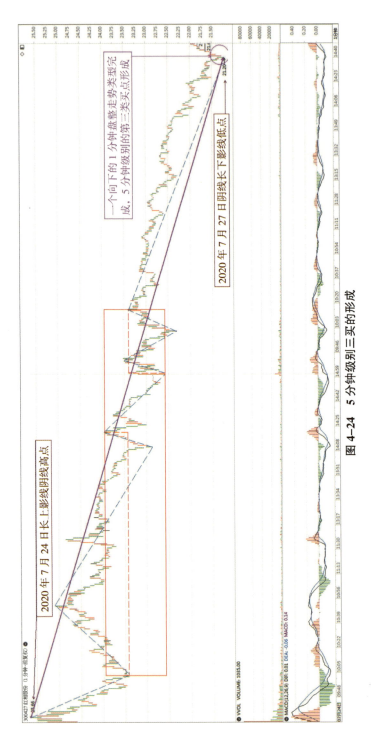

图 4-24 5 分钟级别三买的形成

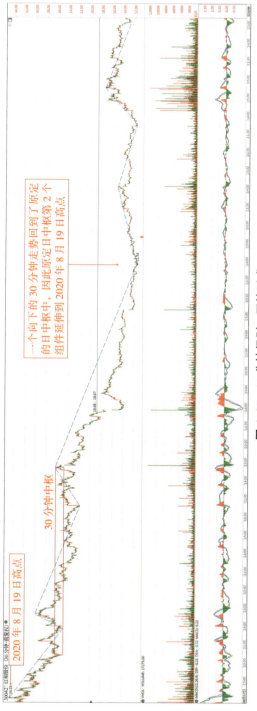

一个向下的 30 分钟走势回到回到了原定的日中枢中，因此原定日中枢第 2 个组件延伸到 2020 年 8 月 19 日高点。

30 分钟中枢

2020 年 8 月 19 日高点

图 4-25　30 分钟级别三买的形成

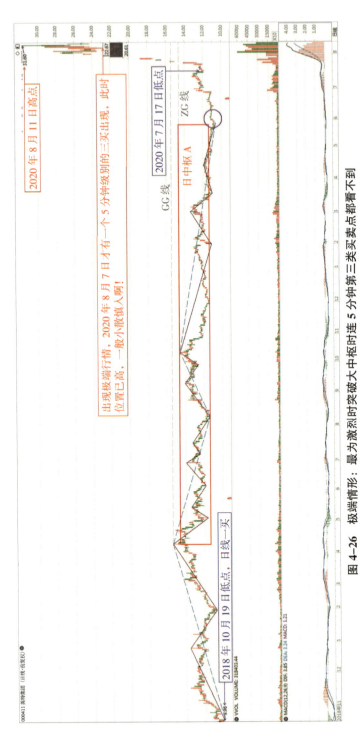

图 4-26 极端情形：最为激烈时突破大中枢时连 5 分钟第三类买卖点都看不到

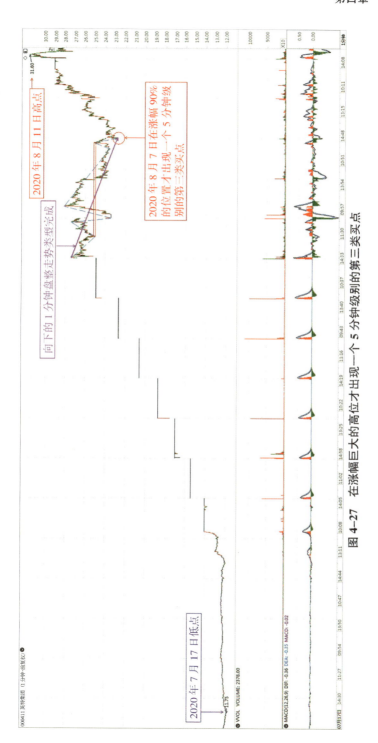

图 4-27　在涨幅巨大的高位才出现一个 5 分钟级别的第三类买点

2020 年 8 月 11 日高点

2020 年 8 月 7 日在涨幅 90% 的位置才出现一个 5 分钟级别的第三类买点

向下的 1 分钟盘整走势类型完成

2020 年 7 月 17 日低点

00041 英特集团（1 分钟-前复权）

VVOL VOLUME 2378.00

MACD(12,26,9) DIF:-0.36 DEA:-0.35 MACD:-0.02

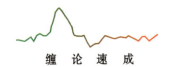
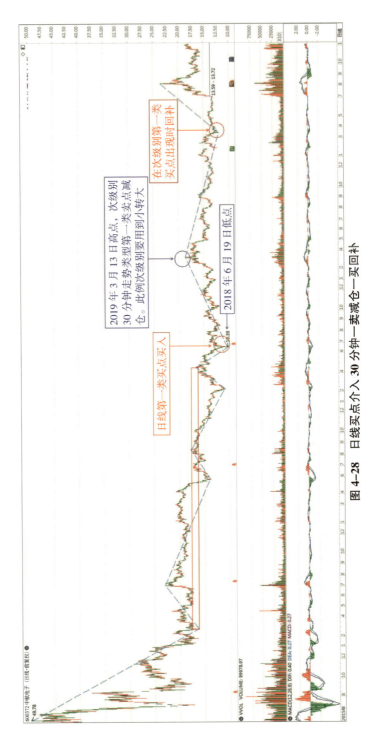

图 4-28　日线买点介入 30 分钟一卖减仓一买回补

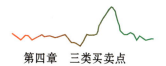
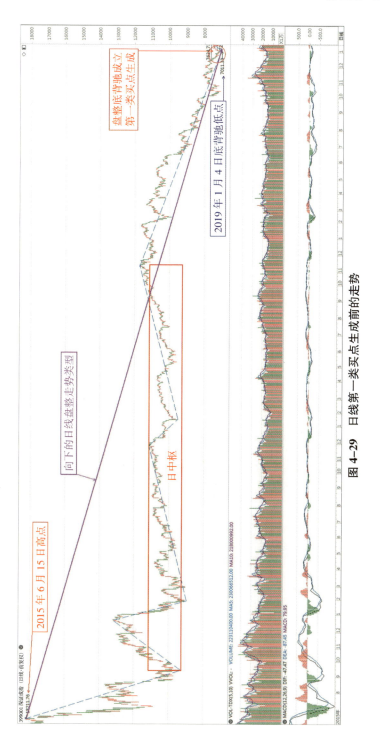

图 4-29　日线第一类买卖点生成前的走势

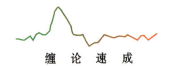

缠 论 速 成

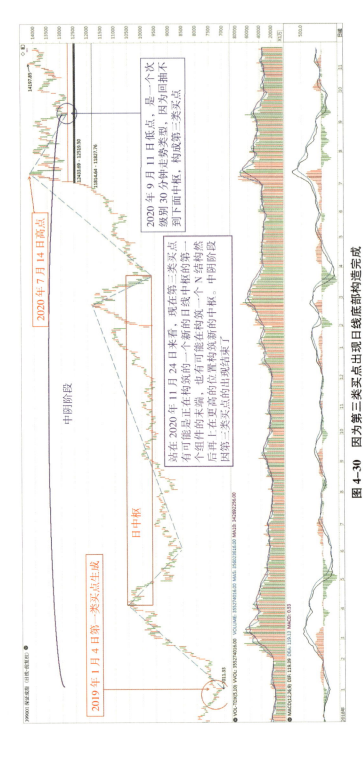

图 4-30 因为第三类买点出现日线底部构造完成

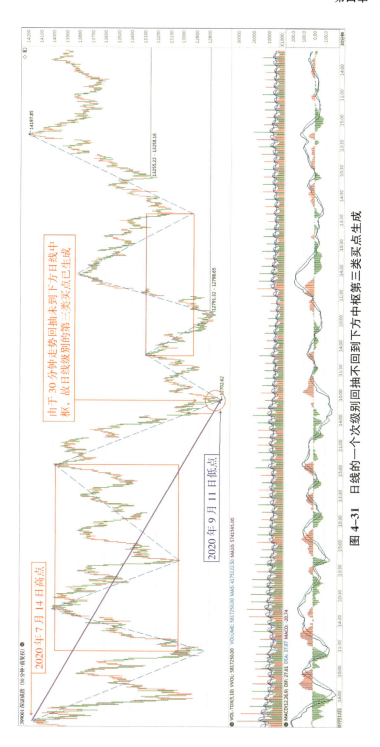

图 4-31 日线的一个次级别回抽不回到下方中枢第三类买卖点生成

129

第五章　中枢的演进

前面给出的绝大部分走势图，其构成中枢的组件都是 3 个，即 3 个次级别走势类型的重叠，实际上中枢不总是这么简单。

中枢有如下三种演进方式：延伸、扩展、扩张。

中枢演进可能导致升级，是否升级的金标准是在高一级别周期的图上能否看到升级的结果。笔者认为李晓军关于中枢扩展、扩张的定义比较规范，故以其为准。

一、中枢的延伸

首先有中枢的形成，即 3 个次级别走势类型重叠形成中枢后，价格运动继续围绕中枢区间进行即围绕中枢的震荡（这些震荡走势不一定都是次级别的，完全可以是次级别以下的甚至是一个跳空缺口），即中枢延伸（见图 5-1、图 5-4、图 5-5）。

中枢延伸后不一定升级，但当延伸出 9 段以上之后中枢就升级了，升级之后，在高一级别图上可立刻看到一个中枢形成，中枢区间以升级后的中枢为准重新调整（见图 5-1、图 5-6、图 5-7）。

二、中枢的扩展

中枢生成后接着形成了第三类买卖点，但并未展开上涨或下跌，又重新回到了中枢区间，即中枢扩展（见图 5-2）。

中枢扩展后也不一定升级，只有当扩展使重叠的组件数达到 9 个以上之后中枢才会升级，升级之后，在高一级别图上可立刻看到一个中枢形成，中枢区间以

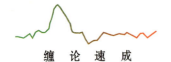

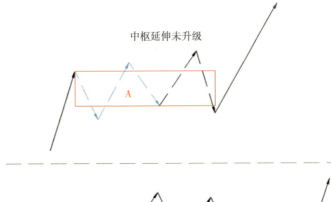

中枢延伸未升级

中枢延伸已升级

图 5-1 中枢的延伸和升级

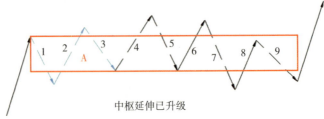

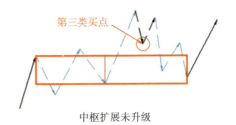

中枢扩展未升级

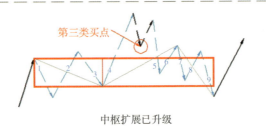

中枢扩展已升级

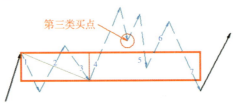

中枢扩展是否升级可通过看高一级别的图来确定

图 5-2 中枢的扩展和升级

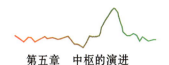

升级后的中枢为准重新调整（见图5-8至图5-10）。

对照中枢扩展的情形，中枢扩展有更多的组件重叠，因此，游离在区间外的那两段（黑色线段）是有可能成为新中枢某个组件的一部分的，这样的话，扩展时重叠组件之间如果只有7段也是可能升级的，是否升级如果有疑问时可以通过高一级别的图来确认。

三、中枢的扩张

同级别的前后两个中枢（后一个中枢是形成第三类买卖点后生成的），无论是它们的组件之间还是围绕中枢产生的任何瞬间波动之间，如果有重叠，则构成中枢的扩张（见图5-3）。

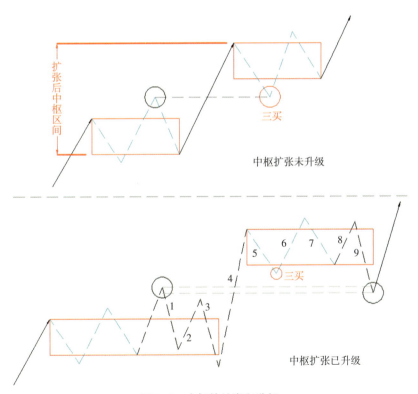

图5-3　中枢的扩张和升级

李晓军认为中枢扩张不肯定升级，中枢扩张时两中枢重叠组件接触的时间之

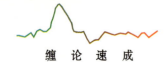

间，如果有九段（至少七段）就构成中枢扩张的升级（见图 5-11）。

升级之后，在高一级别图上可立刻看到一个中枢形成，中枢区间以升级后的中枢为准重新调整（见图 5-12）。

未升级的中枢扩张，其中枢区间，笔者赞同李晓军的做法：取原来先后两个小中枢区间的高中高、低中低的区间作为扩张后的中枢区间，这样比较符合实际也有利于实战操作（见图 5-3、图 5-13）。

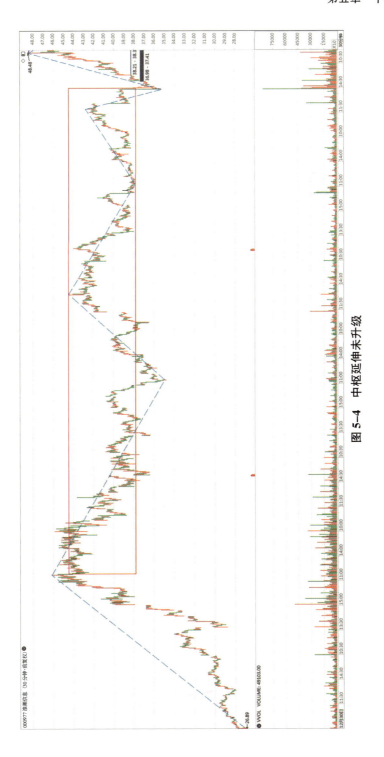

图 5—4　中枢延伸未升级

135

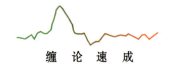

缠 论 速 成

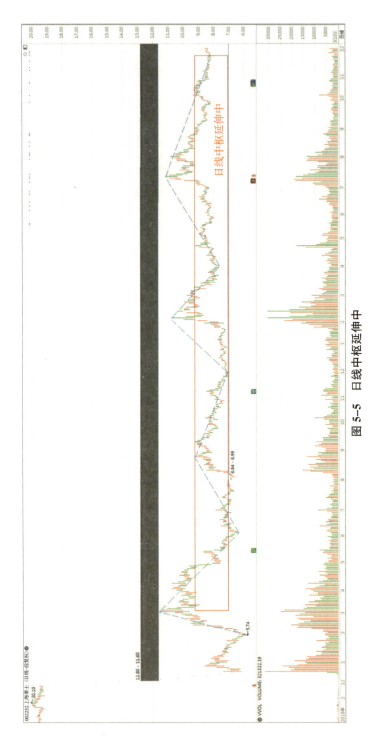

图 5-5 日线中枢延伸中

136

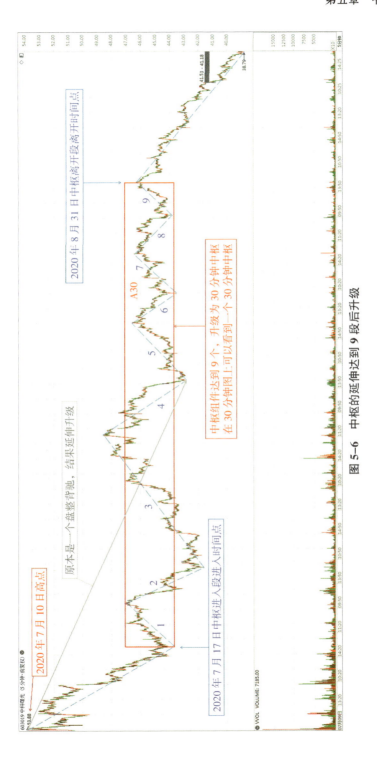

图 5-6　中枢的延伸达到 9 段后升级

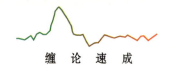

缠 论 速 成

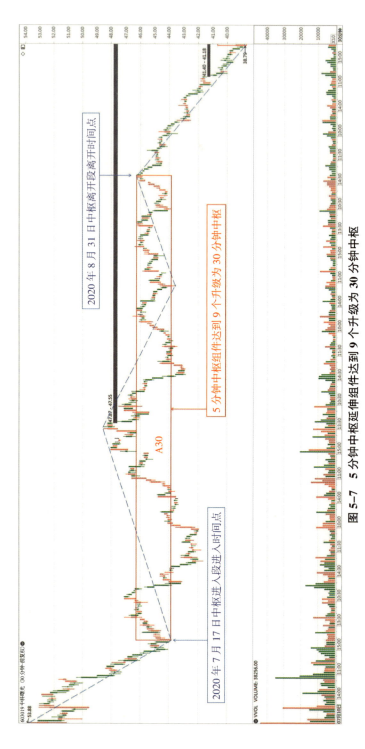

图 5-7　5 分钟中枢延伸组件达到 9 个升级为 30 分钟中枢

138

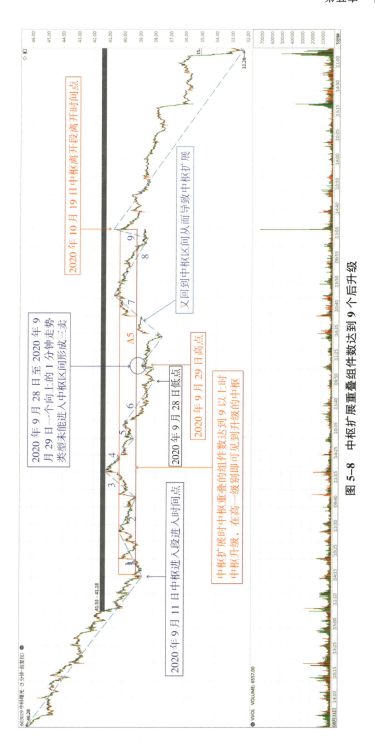

图 5-8　中枢扩展重叠组件数达到 9 个后升级

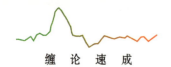

缠 论 速 成

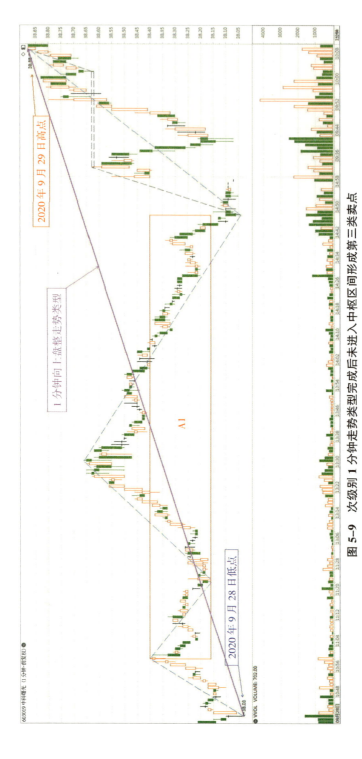

图 5-9　次级别 1 分钟走势类型完成后未进入中枢区间形成第三类卖点

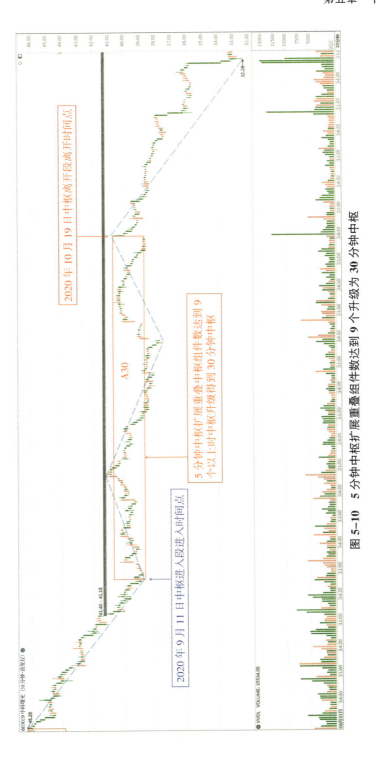

图 5-10　5 分钟中枢扩展重叠组件数达到 9 个升级为 30 分钟中枢

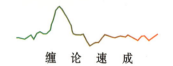

缠 论 速 成

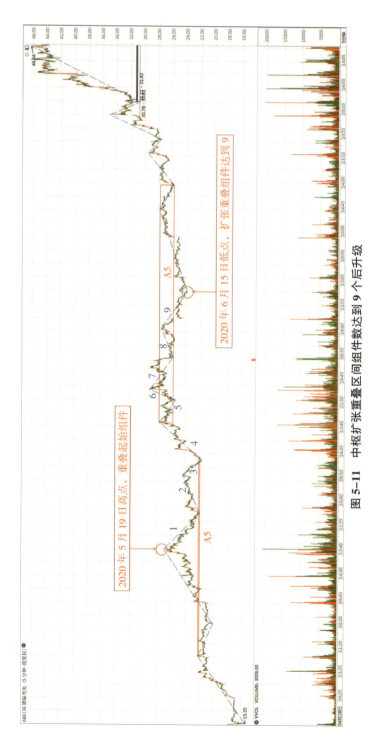

图 5-11 中枢扩张重叠区间组件数达到 9 个后升级

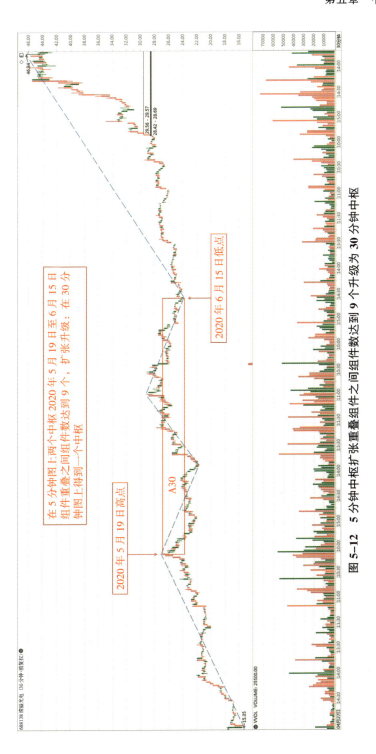

图 5-12　5 分钟中枢扩张重叠组件之间组件数达到 9 个升级为 30 分钟中枢

143

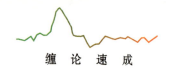

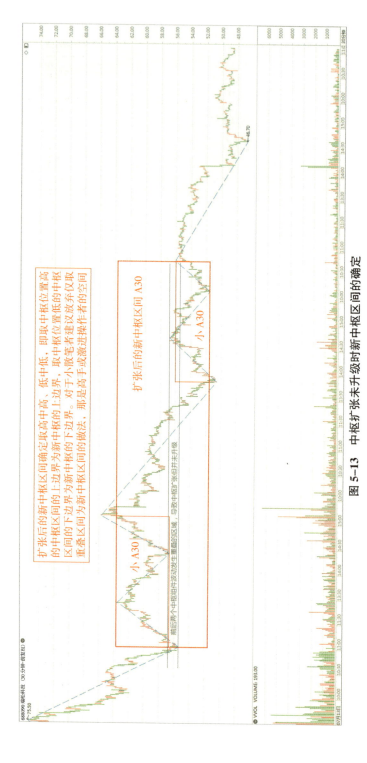

图 5-13 中枢扩张未升级时新中枢区间的确定

第六章　走势终完美

一、走势类型的同级别分解

（一）分解定理

缠论走势分解定理一：任何级别的任何走势，都可以分解成同级别"盘整""下跌"与"上涨"三种走势类型的连接。

缠论创始人的阐述：

缠论走势分解定理一的意思是，按某种级别去操作，就等于永远只处理三种同一级别的走势类型及其连接。对于同级别分解视角下的操作，永远只针对一个正在完成的同级别中枢，一旦该中枢完成，就继续关注下一个同级别中枢。

根据缠论走势分解定理，同级别分解具有唯一性，不存在任何含糊和胡乱分解的可能。例如，以 30 分钟级别为操作标准的，就可以用 30 分钟级别的分解进行操作，对任何图形，都分解成一段段 30 分钟走势类型的连接，操作中只选择其中的上涨和盘整类型，避开所有的下跌类型。对于这种同级别分解视角下的操作，永远只针对一个正在完成的同级别中枢。一旦该中枢完成，就继续关注下一个同级别中枢。注意，在这种同级别的分解中，不需要中枢延伸或扩展的概念，对于 30 分钟的走势类型来说，只要 5 分钟级别的三段上—下—上或下—上—下类型有价格重合的区间就构成中枢。如果 5 分钟的走势类型延伸出 6 段，那么就当成两个 30 分钟盘整类型的连接。在这种分解中，是允许"盘整＋盘整"的情况出现的。

不允许"盘整＋盘整"是在非同级别分解方式下。处理走势有两种最基本的方法，一种是纯粹按中枢来，另一种是纯粹按走势类型来（按中枢是非同级别分

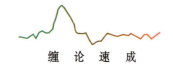

解，按走势类型是同级别分解），但更有效的是在不同级别中组合运用。

对于缠论走势分解定理一，基本上所有的情形均是如此（见图 6-6、图 6-7）。

但是，根据缠论走势中枢定理一（在趋势中，连接两个同级别缠论走势中枢的必然是次级别以下级别的走势类型）和缠论走势中枢定理二（在盘整中，无论是离开还是返回缠论走势中枢的走势类型必然是次级别以下的），连接段、离开段和进入段是次级别走势类型，但也可以是次级别以下如次次级别走势类型的情况。缠论创始人自己也说："一个高级别的走势类型必然就是由几个低级别的走势类型连接而成，但不一定都是次级别的走势类型。"如果有如此极端情形，那么定理一的用语就不够完美。笔者认为缠论走势分解定理一应该这样陈述：任何级别的任何走势，都可以分解成同级别"盘整""下跌"与"上涨"三种走势类型的直接连接或间接连接。如果是间接连接，连接段一定是分解级别的次级别以下的走势类型。如图 6-8 所示，2 个 30 分钟中枢的连接段是 1 个 1 分钟走势类型（见图 1-25），这样一来，如果是站在 5 分钟级别分解走势类型，那么就会有两个 5 分钟走势类型是间接连接的，连接段是次级别 1 分钟走势类型。

缠论走势分解定理二：任何级别的任何走势类型，都至少由三段以上次级别走势类型构成。

对于缠论走势分解定理二，中枢本身就要求有三个次级别走势类型，一个盘整走势类型除中枢外还有进入段和离开段，它们绝对大概率也是次级别走势类型。

（二）同级别分解规则

同级别分解规则：在某级别中，不定义中枢延伸，允许该级别上的盘整 + 盘整连接；与此同时，规定该级别以下的所有级别，都允许中枢延伸，不允许"盘整 + 盘整"连接。

假定在操作级别分解，不定义延伸意味着不做升级，次级别以下允许中枢延伸意味着可以升级（如果允许次级别以下"盘整+盘整"，那么就无法升级递归到操作级别，这与在操作级别分解矛盾）。

缠论创始人的阐述：

按照以上同级别分解规则，对走势类型的划分是唯一的。这种分解，对于机械化操作十分有利。**这里无所谓牛市熊市，如果分解的级别规定是 30 分钟，那**

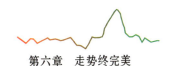

么只要 30 分钟级别上涨就是牛市，否则就是熊市。其实，根本无须关心个股的具体涨幅有多少，只要股性足够活跃，上下振幅大，这种机械化操作产生的利润是与时间成正比的。只要时间足够长，就会比任何单边上涨的股票产生更大的利润（这就是中枢震荡操作法）。这种分解方法，特别适合于资金量小且时间充裕的投资者进行全仓操作，也适合于大资金进行一定量的差价操作，更适合于庄家的洗盘和降低成本的操作。完全可以不管市场的实际走势如何，**在这种分解的视角下，市场被有效地肢解成一段段 30 分钟走势类型的连接**，如此分解，如此操作，如此而已。注意，这种方法或分解是可以结合在更大的操作系统里的。例如，资金有一定规模，那么可以设定某个量的筹码按某个级别的分解操作，另一个量的筹码按另一个更大级别的分解操作。

二、背驰的最终后果——走势生长

走势类型的同级别分解是将视野局限在某一个级别中，但不应局限于此。

了解走势的生长，可以看到低级别到高级别的演变过程，看到更高级别的情形，视野随之放大，对于把握大局意义重大，还可以满足不同资金、不同仓位的操作需求。

趋势背驰之后原走势类型终止，走势生长是背驰的最终后果。走势生长的核心实质上是中枢的演进，因为中枢的演进可以带来中枢的升级从而导致走势类型的升级，结果影响到结构的变化如原中枢之间关系的变化、结构之间从属关系的变化，等等。

缠论背驰—转折定理：某级别趋势的背驰将导致该趋势最后一个中枢的级别扩展、该级别更大级别的盘整或该级别以上级别的反趋势。

注：笔者认为该定理中的趋势一词应改为走势，因为还有盘整背驰的情形。变成：缠论背驰—转折定理：某级别走势的背驰将导致该走势最后一个中枢的级别扩展、该级别更大级别的盘整或该级别以上级别的反走势。

这一定理对于背驰后的走势给出了所有的可能性，即所谓背驰后走势的"完全分类"，使操作者可以事先谋划未来的各种对策。

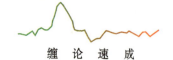
（一）某级别趋势的背驰将导致该趋势最后一个中枢的级别扩展

背驰—转折定理所说的"该趋势最后一个中枢的级别扩展"即升级，就是通过中枢的演进——延伸、扩展和扩张来实现升级的，最后一个中枢级别扩展是对抗背驰力度大的表现。

（1）最后一个中枢通过中枢延伸升级（见图6-1；图5-6的2020年7月10日高点到4的末端点即4、5连接点是一个盘整走势类型背驰，然后中枢延伸升级的例子，即图5-7；图6-9是趋势背驰后导致最后一个中枢通过中枢延伸升级，升级后立刻可以在图6-10即30分钟图上看到升级的结果）。

（2）最后一个中枢通过中枢扩展升级（见图6-2；图5-8左上角顶部到6的末端点即2020年9月28日低点是一个盘整走势类型背驰，然后中枢扩展升级的例子，即图5-10）。

（3）最后一个中枢通过中枢扩张升级（见图6-3；图5-11左下角底部到4的末端点即4、5连接点是一个盘整走势类型背驰，然后中枢扩张升级的例子，即图5-12）。

如果某级别中枢是在次级别中枢的基础上通过级别扩展得来的，那么该级别中枢进入段若是一个次级别的走势类型，则该中枢就是因为该次级别的趋势背驰后该次级别最后一个中枢级别扩展而生成；该级别中枢的进入段如果是一个次次级别以下的走势类型，那么该中枢就是因为一个次级别的盘整背驰后该次级别的中枢级别扩展而生成。

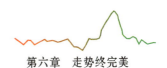

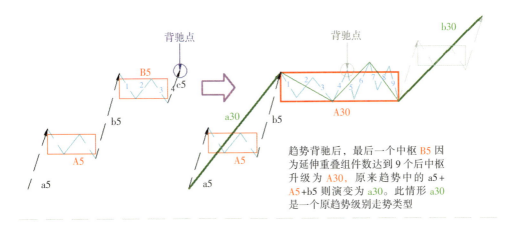

趋势背驰后，最后一个中枢 B5 因为延伸重叠组件数达到 9 个后中枢升级为 A30，原来趋势中的 a5+A5+b5 则演变为 a30。此情形 a30 是一个原趋势级别走势类型

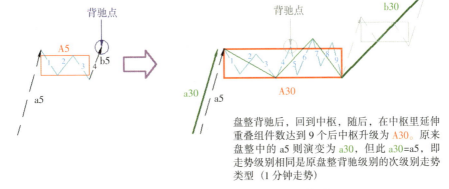

盘整背驰后，回到中枢，随后，在中枢里延伸重叠组件数达到 9 个后中枢升级为 A30。原来盘整中的 a5 则演变为 a30，但此 a30=a5，即走势级别相同是原盘整背驰级别的次级别走势类型（1 分钟走势）

图 6-1 趋势背驰导致最后一个中枢通过中枢延伸升级

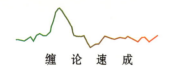

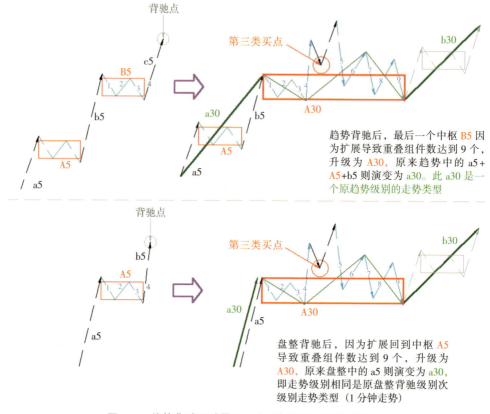

趋势背驰后，最后一个中枢 B5 因为扩展导致重叠组件数达到 9 个，升级为 A30，原来趋势中的 a5+A5+b5 则演变为 a30。此 a30 是一个原趋势级别的走势类型

盘整背驰后，因为扩展回到中枢 A5 导致重叠组件数达到 9 个，升级为 A30，原来盘整中的 a5 则演变为 a30，即走势级别相同是原盘整背驰级别次级别走势类型（1分钟走势）

图 6-2　趋势背驰导致最后一个中枢通过中枢扩展升级

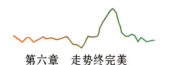

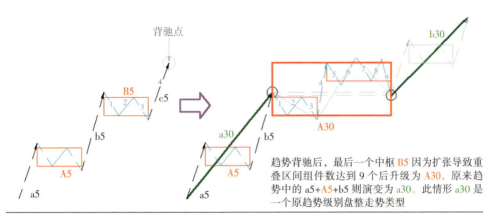

趋势背驰后，最后一个中枢 B5 因为扩张导致重叠区间组件数达到 9 个后升级为 A30，原来趋势中的 a5+A5+b5 则演变为 a30。此情形 a30 是一个原趋势级别盘整走势类型

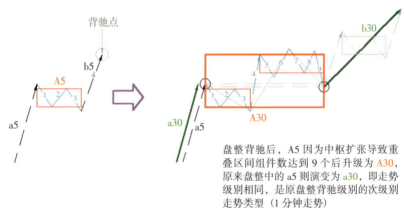

盘整背驰后，A5 因为中枢扩张导致重叠区间组件数达到 9 个后升级为 A30，原来盘整中的 a5 则演变为 a30，即走势级别相同，是原盘整背驰级别的次级别走势类型（1 分钟走势）

图 6-3　趋势背驰导致最后一个中枢通过中枢扩张升级

（二）某级别趋势的背驰将导致该级别更大级别的盘整

这种情形也是对抗背驰力度大的表现（见图 6-4、图 1-19）。

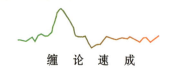
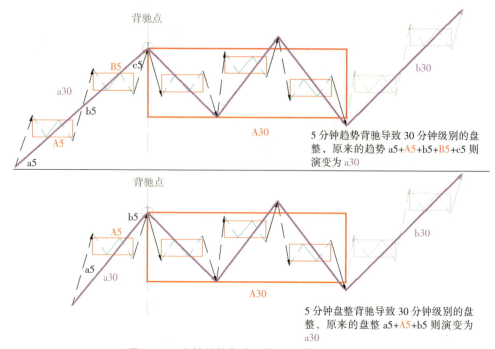

图 6-4　5 分钟趋势背驰导致 30 分钟级别的盘整

（三）某级别趋势的背驰将导致该级别以上级别的反趋势

这种情形是屈服于背驰了，没有反抗能力，多或空一方只好暂时投降撤退了（见图 6-5）。

缠论创始人说以上三种情形，第一种情形很少发生，第二、第三种情形绝大多数情况是背驰以后就意味着更大级别的盘整和反趋势。

走势生长当然还可以是某一级别中枢的新生、趋势不断地延续，但背驰可能带来的是反趋势。

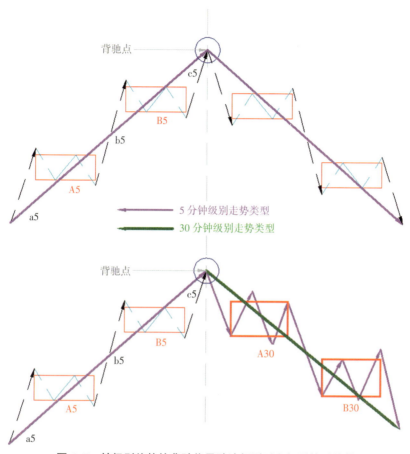

图 6-5 某级别趋势的背驰将导致该级别以上级别的反趋势

（四）走势生长一个示意图

假设总是趋势背驰且总是通过最后一个中枢级别扩展的方式生长下去……当然，这是假设，股市没有这么美好的事，也可以通过某级别趋势或盘整背驰导致该级别更大级别盘整、某级别趋势或盘整背驰导致该级别以上级别的反趋势的方式生长，更多的是各种方式的混合……这里只是个示意，从一个角度了解一下走势生长的过程（见图 6-11）。

三、走势终完美

缠论技术分析基本原理一：任何级别的任何走势类型终要完成。用更简练的

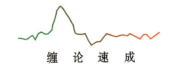
话说，就是"走势终完美"。换言之，"趋势终完美，盘整也终完美"。

缠论技术分析基本原理二：任何级别任何完成的走势类型，必然包含一个以上的缠论走势中枢。

"走势终完美"这句话有两个不可分割的方面：一方面，任何走势，无论是趋势还是盘整，在图形上最终都要完成。另一方面，一旦某种类型的走势完成以后，就会转化为其他类型的走势。

任何级别的走势类型，其核心都是中枢。一个某级别走势中枢必须是由至少三个连续次级别走势类型所重叠的部分组成。一个某级别的走势类型也许刚开始构造，但未来它一定会有中枢，而且可以递归到更大级别的中枢，中枢必定要构筑完成，任何级别的任何走势类型也必将完成，中枢完成走势可以随时是完美的（完成）。

如果观察的级别被限定，则该级别的任何走势类型终完美，即必将完成。当然如果将级别定得很大，需要的时间就会很长很长。走势类型的同级别分解充分说明了走势终完美：任何走势类型，无论盘整还是趋势，必将完成且一旦完成必将进入一个新的走势类型。所以，如果没有走势终完美，同级别分解是不可能的。区间套的使用也依赖走势终完美，甚至走势终完美用于笔或线段也是如此，只要确定当前的笔或线段已经完成下一笔或线段开始了且一定会完美。

从显著性的低点或高点（即一个较大级别走势类型的完成点）开始上涨或下跌，一个 5 分钟级别的走势后必须先有一个 30 分钟中枢，一个 30 分钟级别的走势后必须先有一个日线中枢，这是绝对的。

经过一个盘整，三个重叠的连续次级别走势类型后，盘整就可以随时完成，也就是说，只要三个重叠的连续次级别走势类型走出来后，盘整随时结束都是完美的，但这可以不结束，可以不断延伸下去，不断围绕这缠论中枢上上下下地延伸下去直到无穷都是可以的。

同样，面对趋势，形成两个依次同向的缠论中枢后，任何趋势都可以随时结束而完美，但也可以不断地延伸下去，形成更多的中枢。如果这趋势是向上的，那么会不断上涨。

区间套的方法，就是走势必完美的一个重要的应用。有了区间套，买卖点的精确定位才有可能，也就是说走势必完美的存在导致了买卖点可以精确定位。

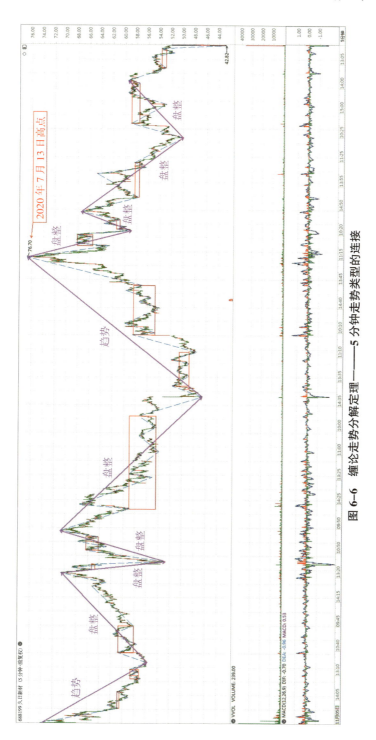

图6-6 缠论走势分解定理———5分钟走势类型的连接

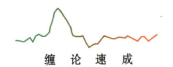
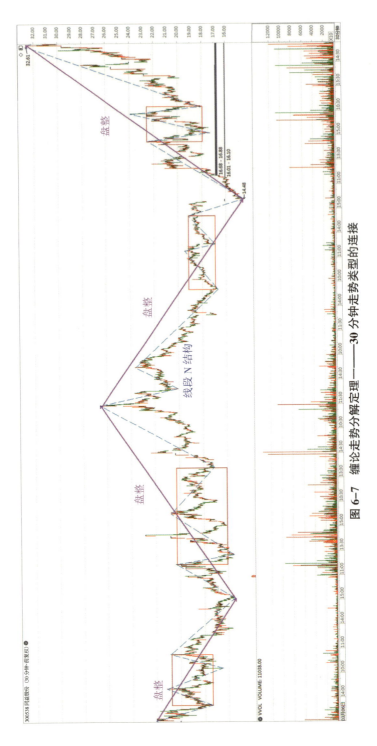

图 6-7 缠论走势分解定理——30 分钟走势类型的连接

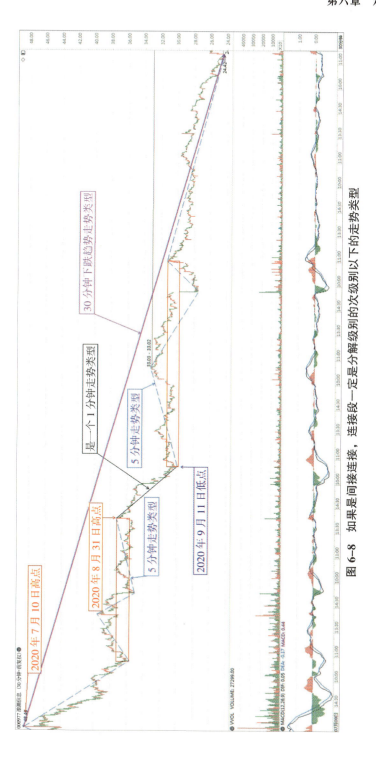

图 6-8　如果是间接连接，连接段一定是分解的次级别以下的走势类型

157

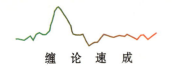

缠 论 速 成

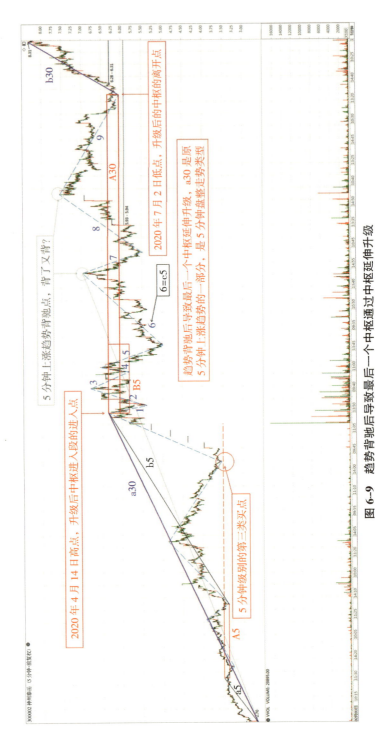

图 6-9 趋势背驰后导致最后一个中枢通过中枢延伸升级

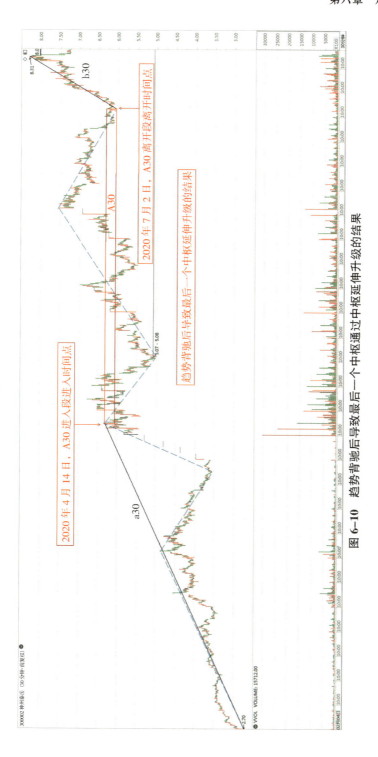

图6-10 趋势背驰后通过最后一个中枢延伸升级的结果

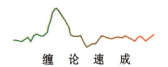
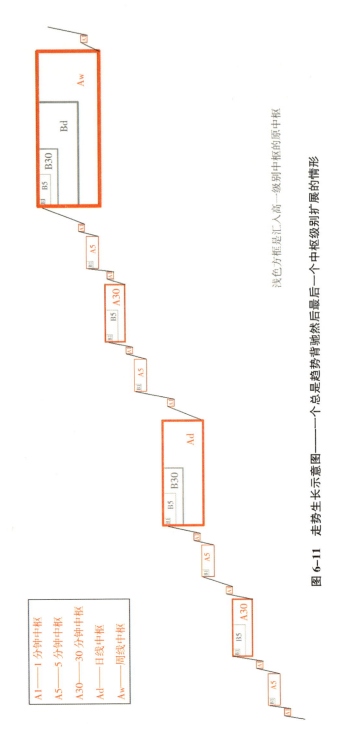

图6-11 走势生长示意图——一个总是趋势背驰然后最后一个中枢级别扩展的情形

浅色方框是汇入高一级别中枢的原中枢

图例
A1——1分钟中枢
A5——5分钟中枢
A30——30分钟中枢
Ad——日线中枢
Aw——周线中枢

第七章 缠论实战应用

一、缠论看图画图——作战地图的绘制

一般的散户并不是职业投资人，多是业余参与者，无论是看盘时间还是操作环境都无法保证交易通道的顺畅。因此，不宜像专业投资人那样进行超短线炒作，中短线应该是首选。

在风险市场与狼共舞就像打仗，打仗必须有地图，缠论能给我们最好的作战地图，即便是利用线段初步绘制的。有了它，我们就能大体知道自己在战场上身在何处，不会茫然。

（一）看图步骤

（1）对于一只股票，首先略看一下它的月线、周线图，了解一下它当下与历史上的高位或低位比较所处的位置。如果上市时间不是很长，那么可以缩小周期级别观察。总之，目的就是了解当下所处的大致位置。

（2）接着打开它的日线图，用"↓"和"↑"键调整日线图的时间长短。先看看时间跨度最大的情形，这样能够发现历史性的超级大底部和超级大顶部（见图 7-6、图 7-7），选取左侧最近的一个大顶部或大底部作为绘制作战地图的起点。

是不是嫌左边太远呢？我们是小散，需要更加勤奋，作战地图绘制得越细致对于作战就会越有利。

（二）绘制作战地图

所谓绘制作战地图就是在分析图上标出走势类型，先在日线级别标出，然后根据需要对所关心的区域时间段在下一个级别即次级别标出次级别走势类型，可以如此一直缩小级别标出，这就是应用区间套原理做立体显微观察。

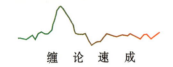

对于上市时间不长的股票，因为有数据的便利，就从 5 分钟图上开始，随着上市时间的延长递归升级走势类型。

完成图 7-6 提出的绘制任务之一日线级别的走势类型标出，得到图 7-8。2015 年 6 月 12 日高点至 2018 年 8 月 7 日低点，走出了一个向下的日线级别的盘整走势类型，2018 年 8 月 7 日低点是一个底背驰点，构成第一类买点（见图 7-9）；而 2018 年 8 月 7 日低点至今运行到了一个日中枢构筑即将完成的阶段。今后向何处？缠论并不预测，但是它能给出各种可能，让参与者事先制定相应的对策（这需要用到中枢演进、走势生长的知识，缠论背驰—转折定理：某级别走势的背驰将导致该走势最后一个中枢的级别扩展、该级别更大级别的盘整或该级别以上级别的反走势）。目前 2 个日中枢组件已经有重叠，因此，形成日线级别的下跌趋势走势类型目前不可能。如果继续下跌将创比 2018 年 8 月 7 日低点更低的新低，那么可将目前这个日线中枢看成是前面那个日线中枢的扩张，组件重叠间已经有 7 段，极可能级别扩展为周线中枢，如此的话，将在周线上可看到中枢形成，那么构筑的就是超级大底部（见图 7-35）。当然如果市场环境好，现在更可以走出日线级别的反向即向上的走势，从现在这个位置就可以开始向上攻击走出向上的日线级别的走势类型。

完成图 7-7 提出的绘制任务之一日线级别的走势类型标出，得到图 7-10。2018 年 10 月 30 日低点 2020 年 12 月 4 日一个日线级别的走势类型正在进行中，期间出现过日线级别的三买。离开段（b）是一个次级别 30 分钟走势类型，现在运行在高处，在这里它（ⅰ）也许正在构筑第 2 个 30 分钟中枢，从而使日中枢的离开段（b）成为一个上涨走势类型，然后再向上在更高位置构筑日中枢；（ⅱ）也可能构筑第 2 个 30 分钟中枢后 30 分钟走势背驰让这第 2 个中枢级别扩展成为日中枢；（ⅲ）日线级别虽然没有背驰但可以小转大就此向下走出另外一个同级别或更大级别的走势类型（见图 7-11）……总之，这里已经是较高位置，小散应该尽量避免在这个位置介入。

二、缠论的实战应用

对于选股，为了获得高成功率，缠论创始人提出要经过三个互相独立的程

序，简洁、通俗地讲就是：技术、热点和题材。技术就用缠论，但掌握了缠论技术，不能忽视热点和题材。目标股票如果属于热点板块，又还有自己基本面的题材，那么结合技术指导，在风险市场成功的概率就会大增。

本节是缠论创始人提出或依据缠论提出的几个值得小散参考的、在实战方面的应用。

（一）可遇不可求的日线第一类买点买入

日线第一类买点可遇不可求，遇到了就不能放过，因为它极有可能会成为历史性的大底部。依据日线第一类买点操作也要精心选股，要在这上面舍得花时间。一旦选定，建议一路持有，将它当股票伴侣对待，不要轻易抛弃。当然，如果条件许可，拿出部分筹码做短差是完全可以的，也是应该的，这样可以在实践中摸索、积累经验。

1. 确定日线级别第一类买点

在作战地图上已经寻找过日线第一类买点（见图 4-13、图 4-28、图 4-29、图 7-9、图 7-12）。除布林通道帮助识别第一类买点外，如果是近期可能形成日线级别的第一类买点，那么确定日线第一类买点时还应该借助区间套对日中枢的离开段进行观察，离开段应该是一个次级别下跌趋势走势类型或向下的盘整走势类型，一般会有背驰点。总之，不要嫌麻烦，从多角度证实第一类买点的准确位置。

2. 在错误的位置买入后的应对

开始认定的日线第一类买点也有可能后来证实不是真正的日线第一类买点，因为日中枢也是可以延伸的，甚至是可以扩张的，不过，由于这种认定错误买入的一般都不会亏损，因为有一个向上的次级别走势类型完成点可以减仓或做空（即短差程序，见图 7-13、图 7-14），如果不幸没有减仓或做空，又不能在真正的一买处补仓，那可能就要被套些时日了。

3. 在正确的一买位置买入后的策略

在正确的位置买入后，会有一个向上的次级别走势，在其完成点即次级别一卖位置减仓做空，然后在下面一个向下的次级别走势的一买处回补（见图 7-15、图 4-8、图 4-28），这就是短差程序参与日中枢震荡，需要用到区间套做立体观察找到次级别走势的完成点即第一类买卖点。

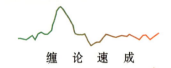

正确的日线第一类买点买入后，即使长时间不操作，但能拿到日线第一类卖点卖出，那得需要超级的耐心和一颗安静的心，买到最低卖到最高不容易，当然收获也会是惊人的。

4. 对日线级别第一类买点犹豫而错过的补救

日线级别的第一类买点出现的时候往往都是市场悲观气氛极为浓厚的当口，不敢买入的人比比皆是，即便掌握了缠论技术也不见得敢动手（知行合一往往是散户的一大难关），稍有犹豫就错过了。如果这样，可以在第二类买点补救买入。

（二）常见的 30 分钟第一类买点买入

30 分钟第一类买点（见图 4-1 上部，中枢看成是 30 分钟中枢，蓝色线段都看成是 5 分钟走势类型）买入目的是参与日线级别的中枢震荡（见图 7-1），依据的是缠论走势同级别分解原理（见第六章，一），是缠论创始人高度肯定的一种获利模式。

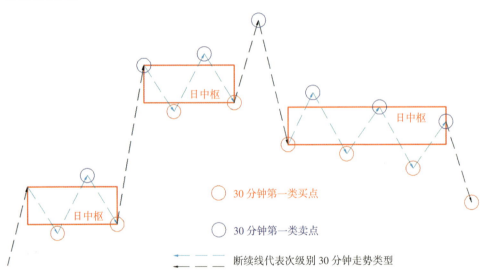

图 7-1　30 分钟第一类买点买入目的是参与日线级别的中枢震荡

1. 确定 30 分钟第一类买点

30 分钟走势类型这个第一类买点要经过多级别立体观察获得严格一致的肯定，特别是从创新高后的高位首次向下生成时一定要递归，不能完全指望线段在 30 分钟图上构筑中枢（见图 7-16 至图 7-18）。如果说前面绘制的作战地图是战

略作战地图，那么这里就是绘制战术作战地图。因为是从高风险地带刚刚撤退下来的，所以，为了最大限度地防范风险必须高度重视这个战术作战地图（5 分钟开始的递归）的绘制。

在日线图上看，买入位置是一个（一般有笔中枢的）向下线段的末端（见图 7-16）；在 30 分钟图上看，买入位置是一个向下的走势类型完成构成第一类买点的位置（见图 7-18）；在 5 分钟乃至 1 分钟图上用区间套看相应的背驰段一般能看到背驰点（图 7-17，其中 B5 离开段离开时间点 2020 年 10 月 30 日至 31.07 元底部区间套看是 1 分钟以下走势类型，只有笔中枢，但有背驰结构，图略）。确认这个位置还可以同时使用布林通道判定第一类买卖点的方法（见图 7-18）。

日线级别的第一类买点一般会是 30 分钟第一类买点（见图 7-19），但反过来大概率却不能成立，因为日线第一类买点稀少，可遇不可求。

2. 卖出策略

买入后，需要高度关注 5 分钟走势，它在买入前的那个 30 分钟中枢 ZD 下方不得形成第三类卖点，形成就要退出。如果是在 DD 下方形成第三类卖点，更要防范前面那个 30 分钟走势类型尚未完成，盘整可能变趋势或者趋势延续（见图 7-20、图 7-21）。所以，某级别第三类卖点是该级别中枢震荡操作的安全气囊，任何时候在某级别中枢震荡低点买入后如果出现该级别第三类卖点，无论如何先退出再说。

买入后如果走出的反向次级别 5 分钟走势类型越过前面的 30 分钟中枢，那是比较好的一种情形，未来一个向上的 30 分钟走势类型可以期待。这种情况下，可在这个次级别 5 分钟走势类型的第一类卖点做程序短差减仓，然后在回探的 5 分钟走势类型的第一类买点回补，就是小仓位做 30 分钟中枢震荡短差操作。当然也可以不做这个短差，不熟练就不做，耐心等到 30 分钟走势类型的中枢完成后到 b 段时再考虑卖的问题，到时可以按照缠论创始人说的做，操作级别是 30 分钟，那么中枢完成向上时一旦出现一个 5 分钟向下级别后下一个向上的 5 分钟级别走势不能创新高或出现背驰或盘整背驰，那么一定要抛出……（见图 7-2、图 7-19、图 7-22 至图 7-24），也可以设计自己的交易标准卖出，或者就是坚决要等这个走势类型的第一类卖点卖到极致。

165

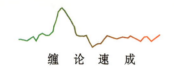

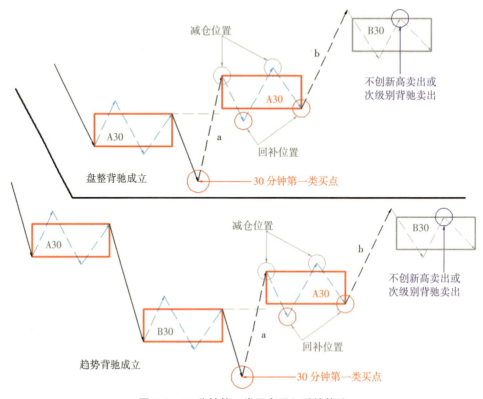

图 7-2　30 分钟第一类买点买入后的策略

（三）第三类买点狙击主升浪

日线中枢上方第三类买点买入有可能捕捉到主升浪，不绝对肯定是因为这需要激烈的市场环境、浓厚的牛市氛围，大势不好的时期慎用。

这里的第三类买点不是日线级别，而是次级别 30 分钟级别甚至是次次级别 5 分钟级别，无论哪个级别买入位置都在日线中枢区间之上（见图 4-6）。日线中枢的前三个组件（蓝色线段）必须都是次级别走势类型，这个要严格要求。

1. 买入策略

（1）突破的是日线级别的第一类买点出现后向上生成的第一个日线级别中枢；

（2）突破区域成交量明显放大，有增量资金加入；

（3）买入位置必须在该第一个日线级别中枢的 ZG 线上方，离 ZG 线越近越好；

（4）如果该中枢的 ZG 和 GG 贴近，则优选买入位置在 GG 上方的；

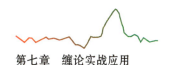

（5）该中枢的 ZG 被突破后，首次向下的 1 分钟走势类型第一类买点（5 分钟级别三买）处买入（见图 4-23、图 4-24）；

（6）该中枢的 ZG 被突破后，首次向下的 5 分钟走势类型第一类买点（30 分钟级别三买）处买入（见图 4-21、图 4-22）；

如果遇到日线级别的第三类买点，也可以考虑买入，但做短线的要求买入位置最好不要和日线中枢的组件有重叠，做中线的可以不要求这一点（见图 7-25、图 7-26）。

2. 卖出策略

（1）买入后一旦新的次级别向上不能创新高或出现盘整背驰就坚决卖掉不参与调整（见图 7-3）。

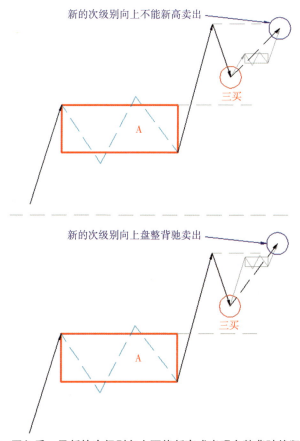

图 7-3　买入后一旦新的次级别向上不能新高或出现盘整背驰就坚决卖掉

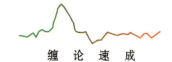
（2）如果没有出现（1）这种情况，那一定是进入新一轮该级别的中枢上移中，一定要持有到该上移的走势出现背驰后至少卖掉一半，然后一个次级别下来，再一个次级别上去，只要不创新高或盘整背驰，就一定要把所有股票出掉（见图7-4、图7-27至图7-29）。

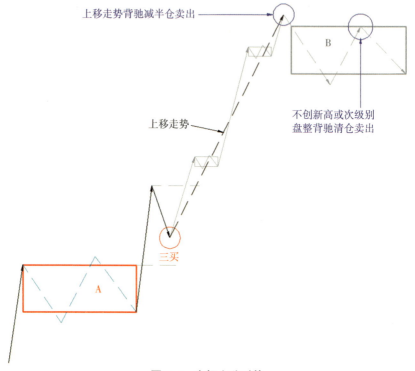

图 7-4　中枢上移对策

（3）如果三买之后涨势迅猛（涨势越猛的走势级别越低），上移走势就不要局限于次级别，可以是次级别以下，可仿照上段次级别处理情形卖出，毕竟涨幅巨大落袋为安是首要。也可以对包含了三买的、从离开段离开点开始的走势整体评估卖出位置（见图7-30、图7-31）。

（4）清仓卖出后可以另寻目标换股操作。

（四）设伏狙击主升浪

设伏狙击主升浪比第三类买点狙击主升浪要稳健、保守一些，因为前者买入的底部级别要比后者高，是离主升浪最近的较大级别底部。

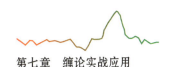

第三类买点狙击主升浪需要市场提供买入的机会，若不提供或者提供的是 1 分钟级别的第三类买点，要拿到筹码是件极为困难的事情。如图 4-26 所示，等到有第三类买点买入的机会时，已经是连续 5 个涨停板、涨幅巨大后的高位。但是如果设伏狙击主升浪，在图 4-26 右下角紫色圆圈处买入，那么，其后凌厉的主升涨幅将收入囊中。

1. 买入位置

（1）日线级别一买点或大底部低点出现后转折向上构筑第一个日中枢；

（2）日线级别中枢构筑成功，买入位置在日中枢组件"下上下"最后一"下"的末端；

（3）最后的一"下"的末端对应 30 分钟走势类型的第一类买点（见图 7-5）。

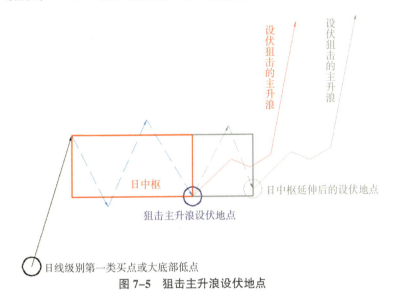

图 7-5 狙击主升浪设伏地点

2. 买入后策略

设伏以后，后面绝非肯定会出现主升浪，最好个股属于热点板块、有良好的基本面题材、大盘有良好的市场环境。

（1）买入后要对未来的各种可能进行评估。

（2）耐心持股，密切关注日线、30 分钟和 5 分钟三个级别的走势。

（3）设伏后突破日中枢，如期展开了主升浪，参考前文第（三）部分"第三

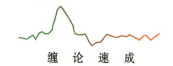

类买点狙击主升浪"的卖出策略（见图 4-26；图 7-27；图 7-30；图 7-32、图 7-33）。

（4）没有出现主升浪，虽然突破了日中枢，但却是到了次级别 30 分钟走势类型的第一类卖点，这时是要退出的，相当于做了一次日中枢震荡（30 分钟第一类买点）买入，亏损不会发生，参考前文第（二）部分。常见的 30 分钟第一类买点买入的卖出策略，如果有信心，可以坚持到一个向上的 30 分钟走势类型完成点（第一类卖点）卖出。结果日中枢延伸，则在下一个向下的次级别走势第一类买点再次设伏。也许要经过好几次中枢震荡，特别是大势环境不太好的情况下，不过，股谚说"横起来多长，竖起来多高"（见图 7-5、图 7-34）。

（5）突破日中枢后没有马上展开主升浪，然后回探，此时看有没有衔接三买狙击主升浪的机会（见图 4-21）。

（6）没有出现主升浪，结果日中枢延伸升级，或者日中枢与上一个日中枢有重叠扩张升级为周中枢后，再次探底创新低，那么会有超级底部诞生，如果这样，那就是抄大底的机会而不是设伏狙击主升浪的情形了（如图 7-8、图 7-35，背驰状态是明显的，但是用布林通道或用区间套目前都不能判定背驰点。如果创比 2018 年 8 月 7 日低点更低的新低，伏击主升计划必须暂停，因为新的、更低位置的、可遇不可求的日线第一类买点买入快要来到了。创新低后，根据结合律可对图 7-8、图 7-15 中第 2 个日中枢的组件进行调整：2018 年 8 月 7 日低点就相当于这个更低的、最新的日中枢第一个组件的起点了，而 2019 年 11 月 20 日高点就是这个更低的、最新的日中枢离开段的起点了）。

（五）超级短线的 5 分钟第一类买点（慎用）

缠论创始人说：在快速变动的行情中，一个 5 分钟的走势类型就可以跌 50%。因此一个这样的 5 分钟级别底背驰，其反弹的空间就比一般情况下 30 分钟级别的上涨都要大。这时候，即使你是按照 30 分钟级别操作的，也可以按 5 分钟级别进入，不必坐等 30 分钟的买点（见图 7-36 至图 7-38）。

（六）依托缠论建立定量交易模式的必要性

缠论给出了一个比较完整的交易技术体系，揭示了价格波动结构的同构性，通过走势终完美人们知道了波动的规律性。小散学习缠论后还有必要依托缠论建

立自己的定量交易体系吗？

笔者认为太有必要了，因为我们小散不像缠论专家高手，做不到精通和运用缠论达到理想的境界。所以，我们技术核心依托缠论，但可以有自己的小技巧。例如，缠论告诉我们小转大常出现在走势的冲顶或赶底之中，是趋同性强的结果，而趋同性往往意味着主力控盘程度高，单边行情小转大也容易形成。我们小散遇到飙升行情小转大的情形，当然可以按照缠论给出的应对方法处理，但小散的特点是业余性质，不像专业投资人有那么完美的交易通道，实战操作时很可能没有那么多的时间去分析判断，这时完全可以简单使用均线。

均线系统走多与走空之间的转变在很多情况下都不能准确、可靠地预示转折，可是在真正转折的地方均线系统却一定是准确可靠的。缠论告诉我们，一个盘整走势类型只有一个中枢，一个趋势走势类型一般也只有两个中枢，那么对于一个进展中的走势类型，完全可以设计在一个或两个中枢以后可能转折的区域加强对均线系统的观察和信任。例如，可以规定，一路涨升的行情或者可能转折的区域，不容忍跌破均线，如果跌破不同周期的均线就采取相应的减仓措施，直至清仓。如果有这样的定量标准，小转大出现有何畏惧？当然，能够建立比均线更好的指标体系大概是每个散户都希望的吧。

（七）如何对待股票伴侣

股票伴侣是精心选股的结果，一旦选定最好和她长相守，她要是高兴（上涨）就陪伴她（做多持股），她要是生气（下跌）就等待她（做空持币），绝不移情别恋。不要以为持币等待是浪费时间，在高位正确的位置卖出后再在低位正确的位置买回，筹码数量将会大幅增加，从而在再次到来的上涨中获得更多的收益，持币的效益只不过是暂时看不到而已。

（八）缠论看美股、港股

跟 A 股比较，美股、港股 K 线风格很不一样，个股换手率远不及 A 股市场个股，但波动结构也可用缠论来解读（见图 7-39 至图 7-48），只是这时如果标出走势类型还局限于笔的定义，那会很累！

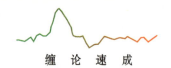

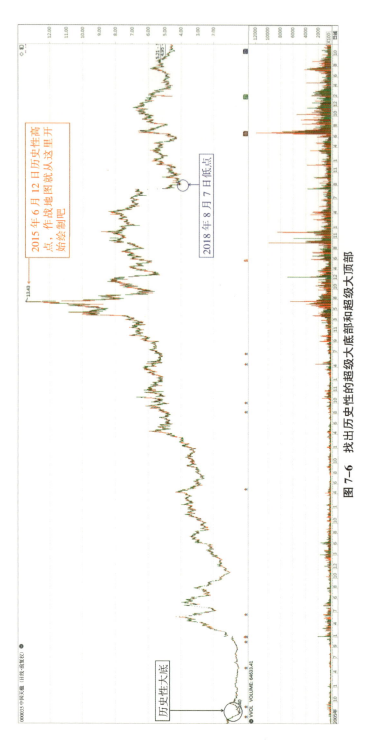

图 7-6 找出历史性的超级大底部和超级大顶部

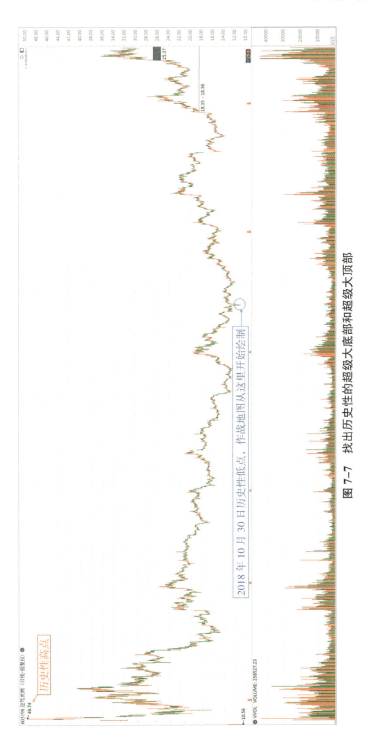

图 7-7 找出历史性的超级大底部和超级大顶部

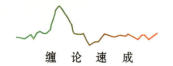

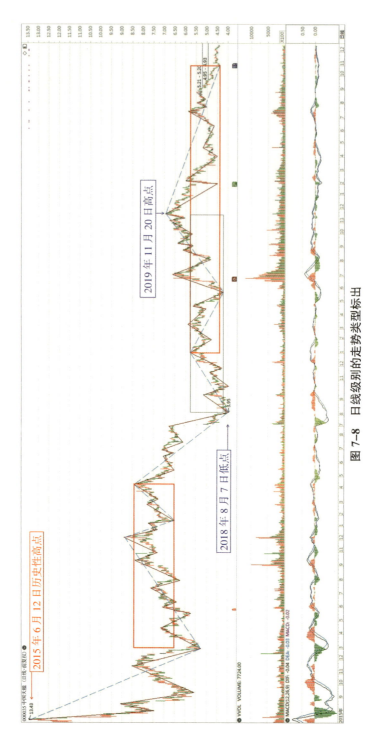

图 7-8 日线级别的走势类型标出

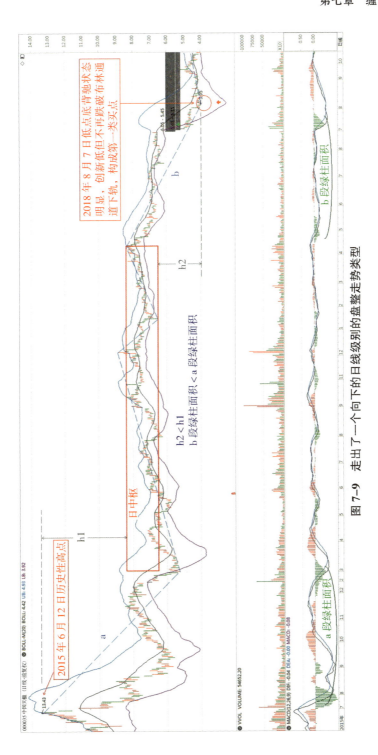

图 7-9　走出了一个向下的盘整走势类型

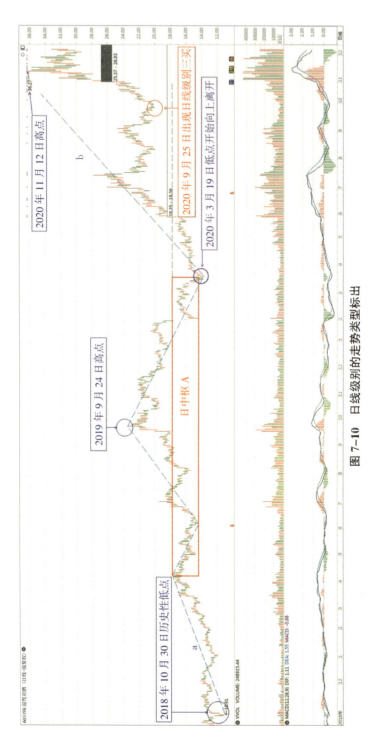

图 7-10　日线级别的走势类型标出

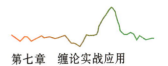

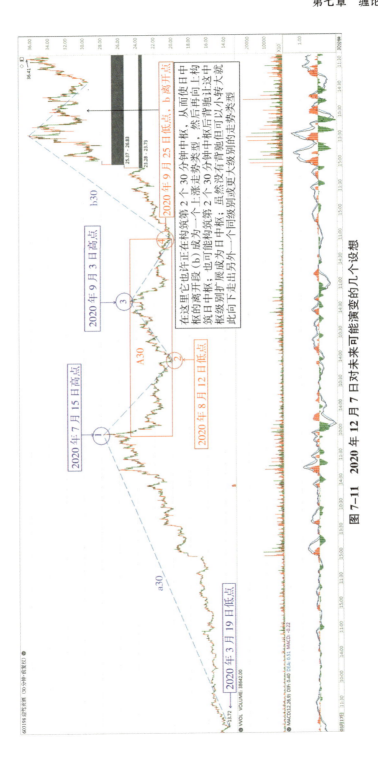

图7-11 2020年12月7日对未来可能演变的几个设想

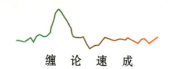

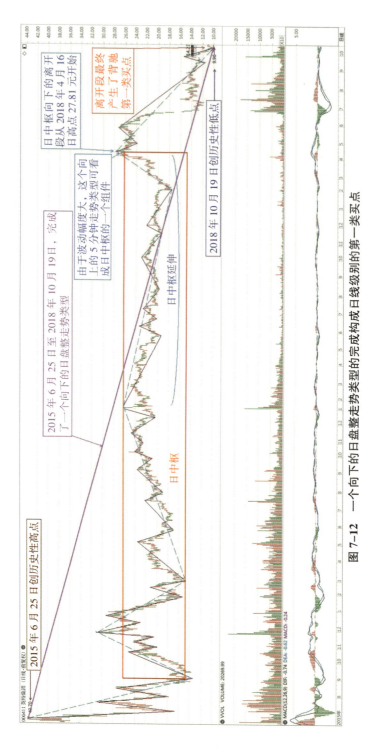

图 7-12 一个向下的日盘整走势类型的完成构成日线级别的第一类买点

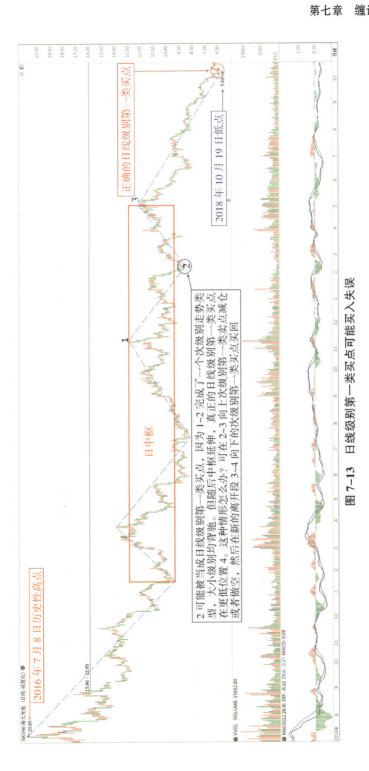

图 7-13　日线级别第一类买点可能买入失误

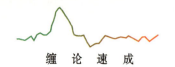

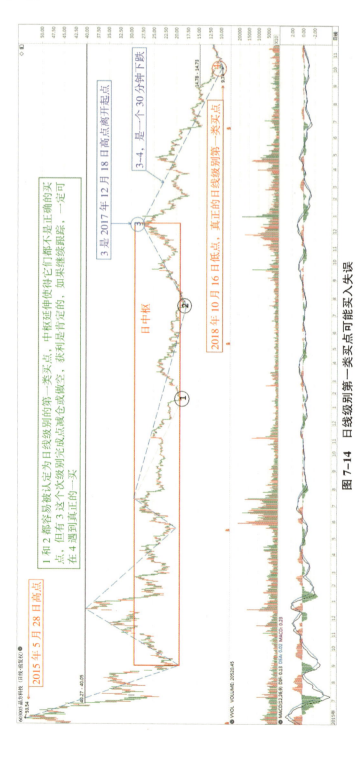

图 7-14 日线级别第一类买点可能买入失误

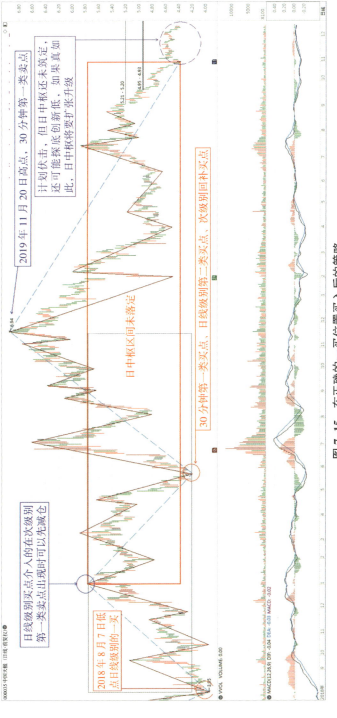

图 7-15　在正确的一买位置买入后的策略

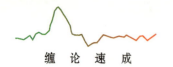

缠 论 速 成

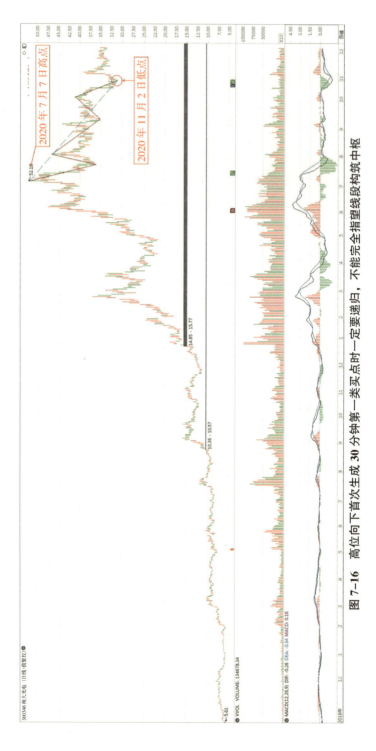

图 7-16 高位向下首次生成 30 分钟第一类买点时一定要递归，不能完全指望线段构筑中枢

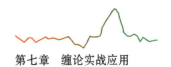

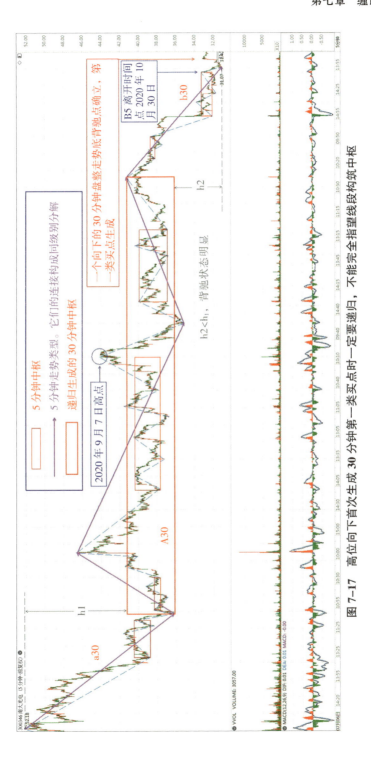

图 7-17　高位向下首次生成 30 分钟第一类买点时一定要递归，不能完全指望线段构筑中枢

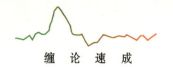

缠 论 速 成

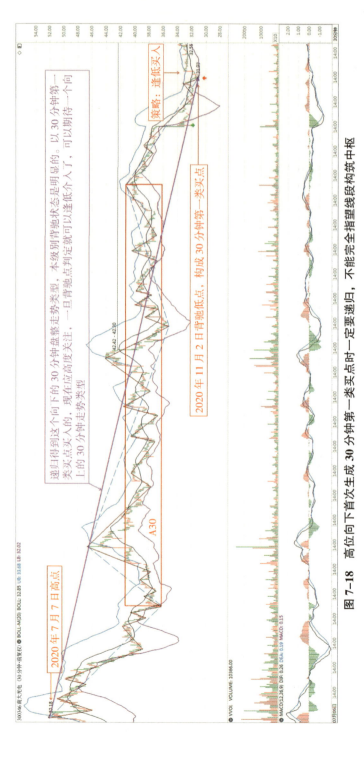

图 7-18 高位向下首次生成 30 分钟第一类买点时一定要递归，不能完全指望线段构筑中枢

184

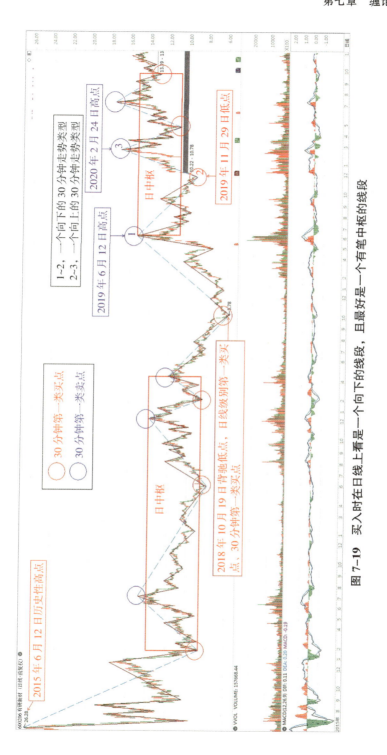

图 7-19 买入时在日线上看是一个向下的线段，且最好是一个有笔中枢的线段

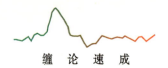

缠 论 速 成

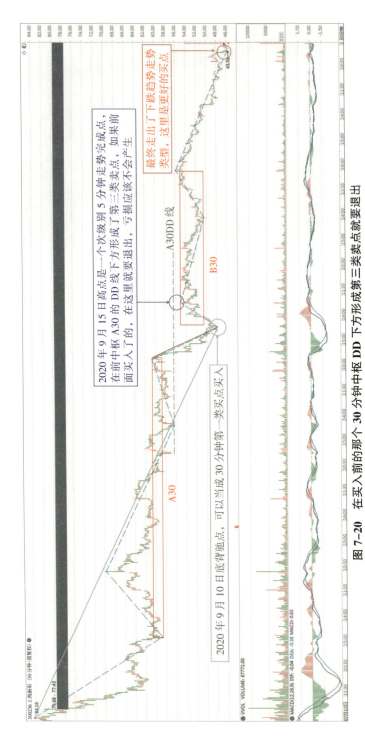

图 7-20 在买入前的那个 30 分钟中枢 DD 下方形成第三类卖点就要退出

2020 年 9 月 15 日高点是一个次级别 5 分钟走势完成点，在前中枢 A30 的 DD 线下方形成了第三类卖点，如果前面买入了的，在这里就要退出，亏损应该不会产生

最终走出了下跌趋势走势类型，这里是更好的卖点

A30DD 线

B30

A30

2020 年 9 月 10 日底背驰点，可以当成 30 分钟第一类买点买入

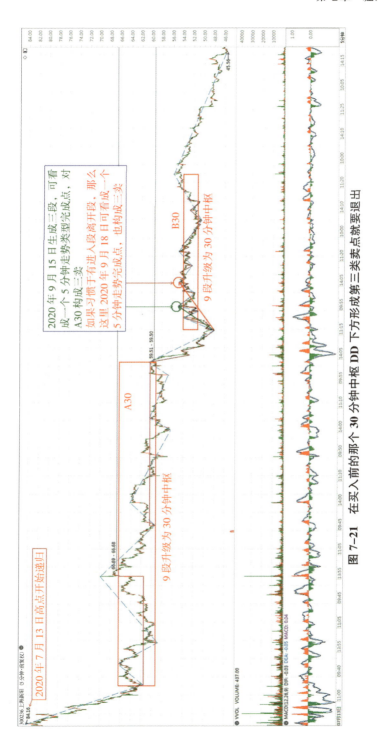

图 7-21　在买入前的那个 30 分钟中枢 DD 下方形成第三类卖点就要退出

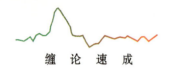

缠 论 速 成

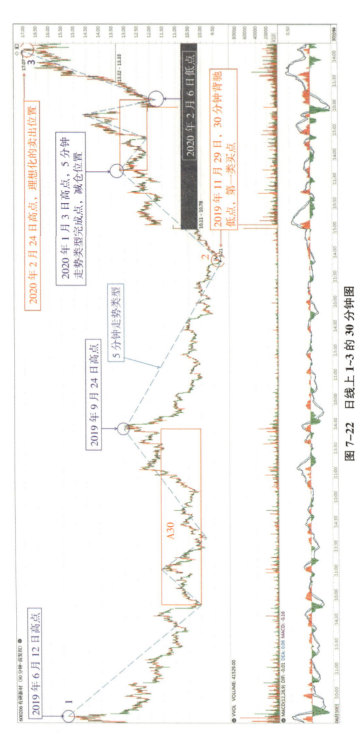

图 7-22 日线上 1~3 的 30 分钟图

188

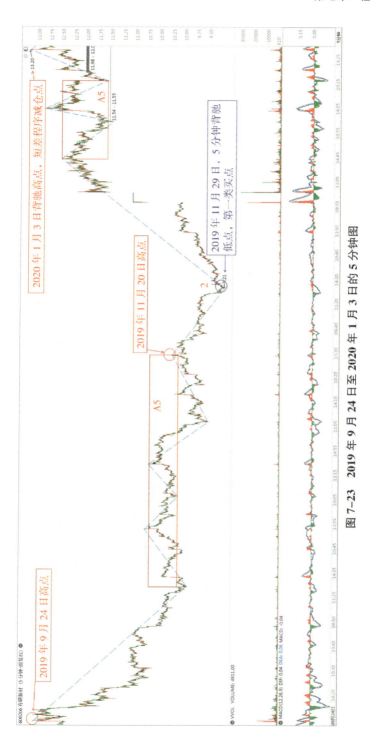

图 7-23　2019 年 9 月 24 日至 2020 年 1 月 3 日的 5 分钟图

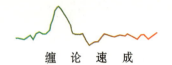
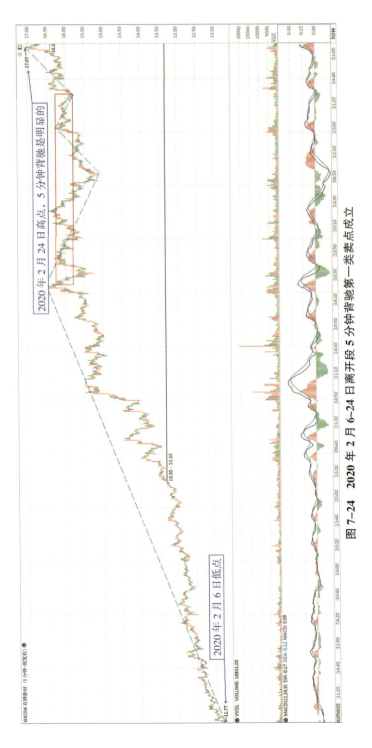

图 7-24 2020 年 2 月 6~24 日离开段 5 分钟背驰第一类卖点成立

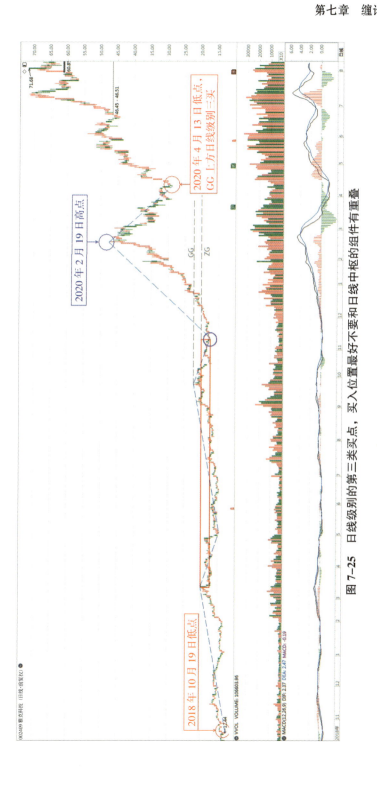

图 7-25 日线级别的第三类买点，买入位置最好不要和日线级别的组件有重叠

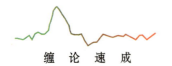
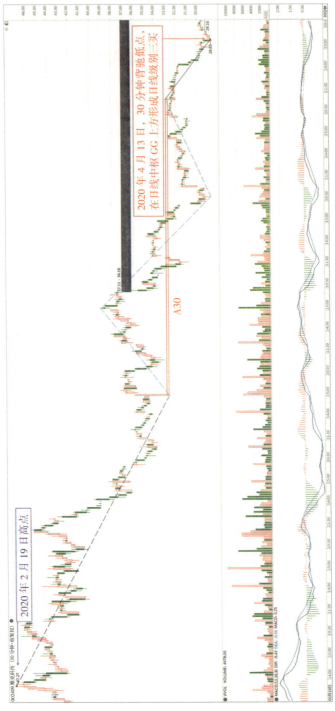

图 7-26 30 分钟走势底背驰导致日线级别的第三类买点的形成

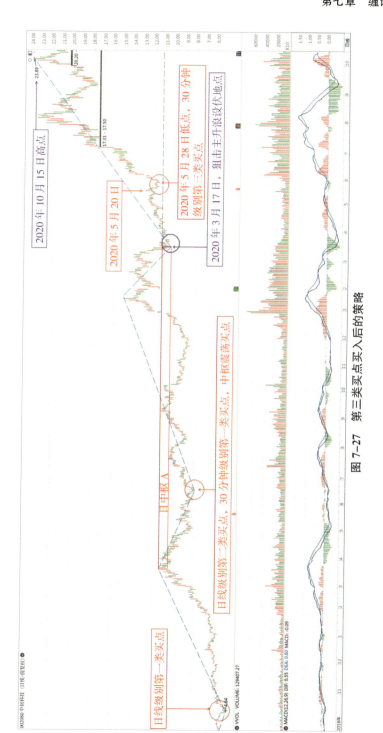

图 7-27　第三类买点买入后的策略

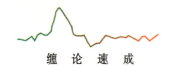

缠 论 速 成

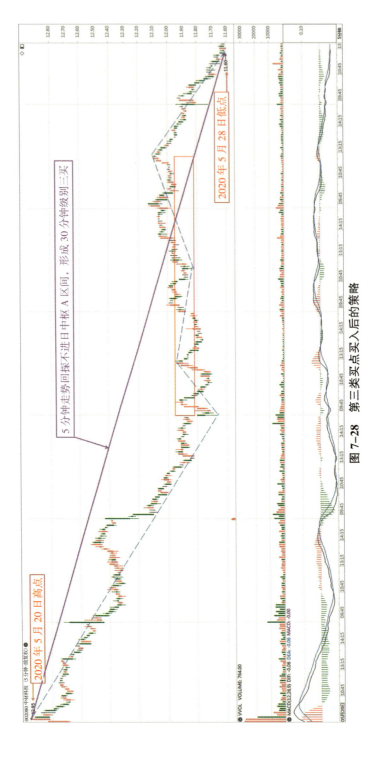

图 7-28　第三类买点买入后的策略

194

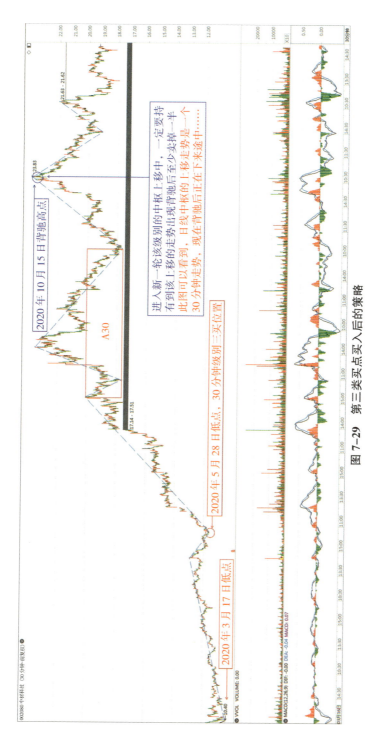

图7-29　第三类买点买入后的策略

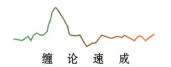

缠 论 速 成

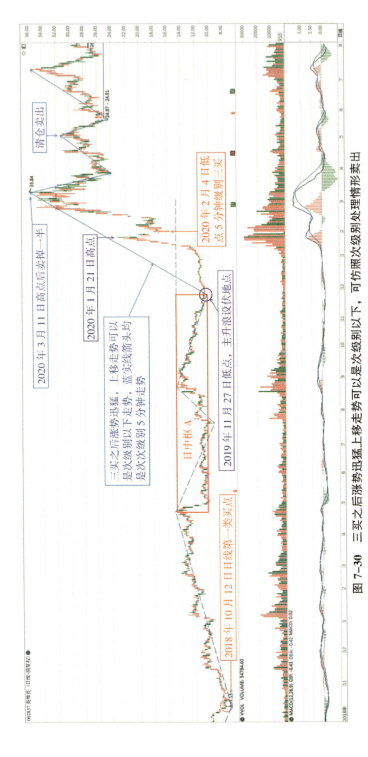

图 7-30 三买之后涨势迅猛上移走势可以是次级别以下，可仿照次级别处理情形卖出

196

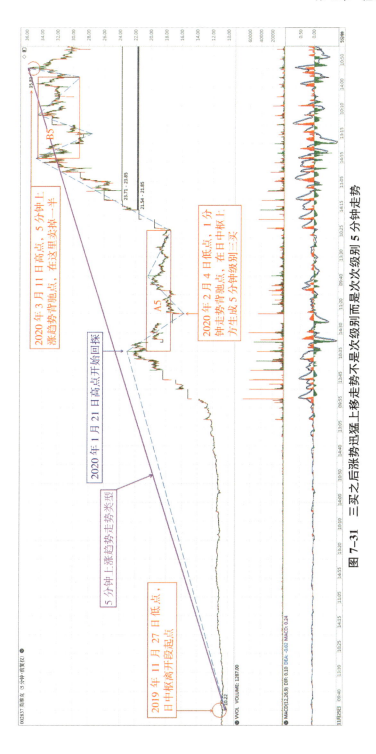

图 7-31　三买之后涨势迅猛上移走势不是次级别而是次次级别 5 分钟走势

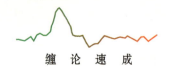

缠 论 速 成

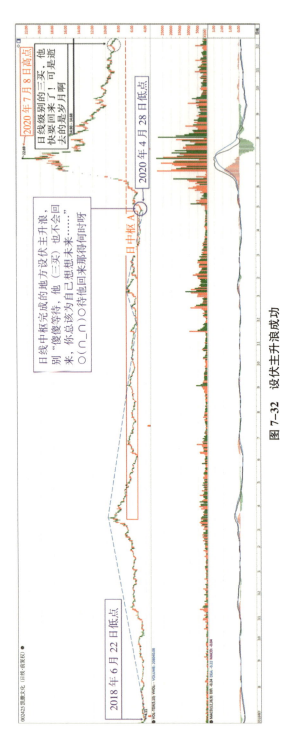

图 7-32　设伏主升浪成功

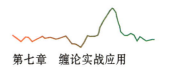

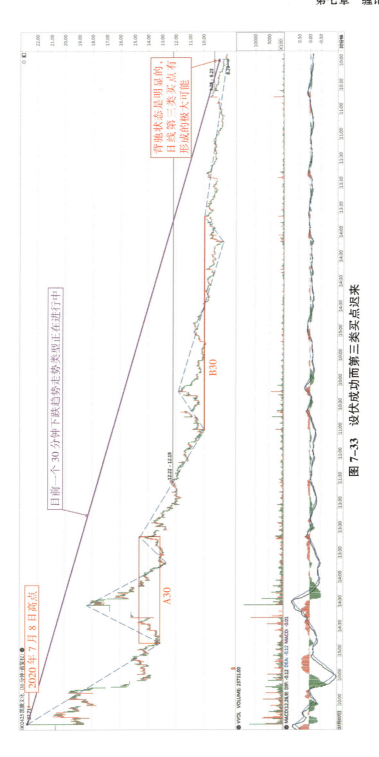

图 7-33　设伏成功而第三类买点迟来

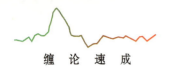

缠 论 速 成

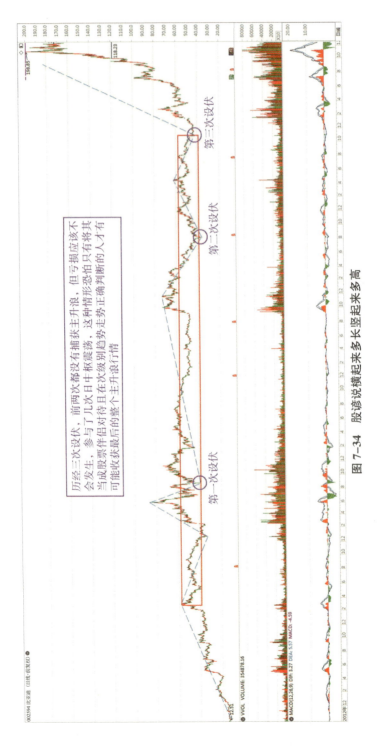

图 7-34　股谚说横起来多长竖起来多高

200

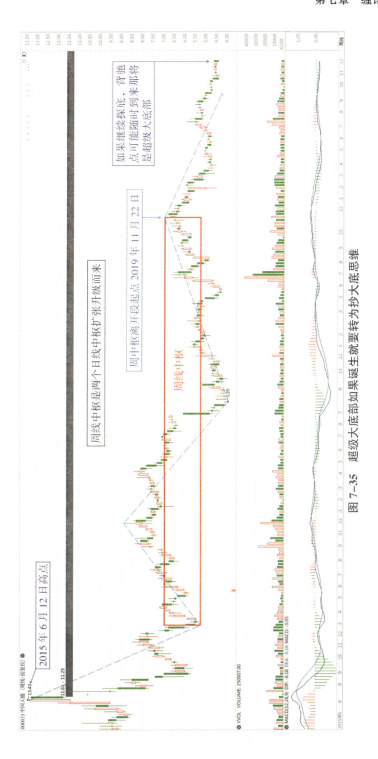

图 7-35　超级大底部如果诞生就要转为抄大底思维

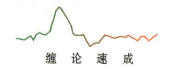
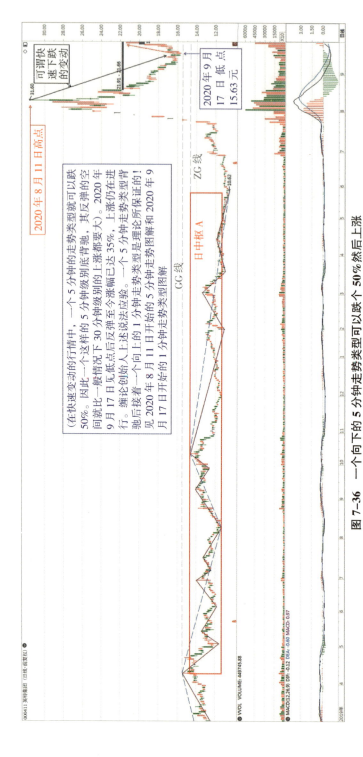

图 7-36 一个向下的 5 分钟走势类型可以跌个 50%然后上涨

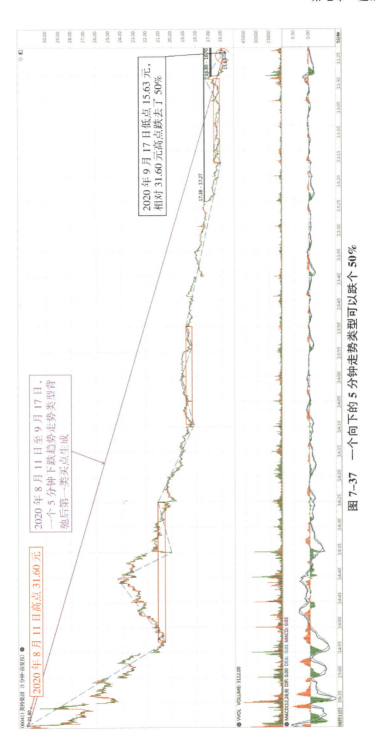

图 7-37　一个向下的 5 分钟走势类型可以跌个 50%

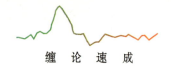

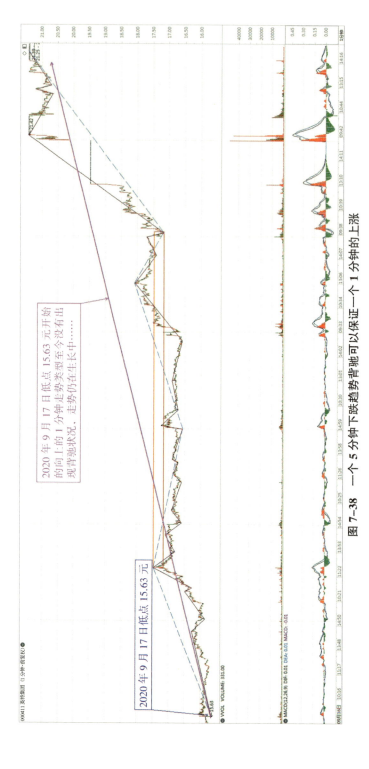

图 7-38 一个 5 分钟下跌趋势背驰可以保证一个 1 分钟的上涨

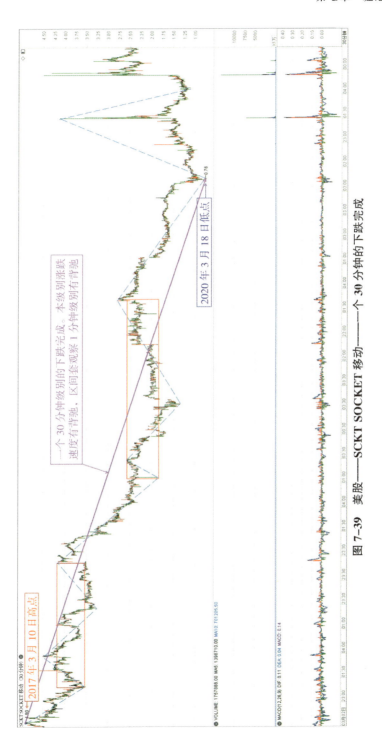

图 7-39 美股——SCKT SOCKET 移动——一个 30 分钟的下跌完成

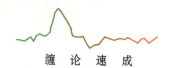

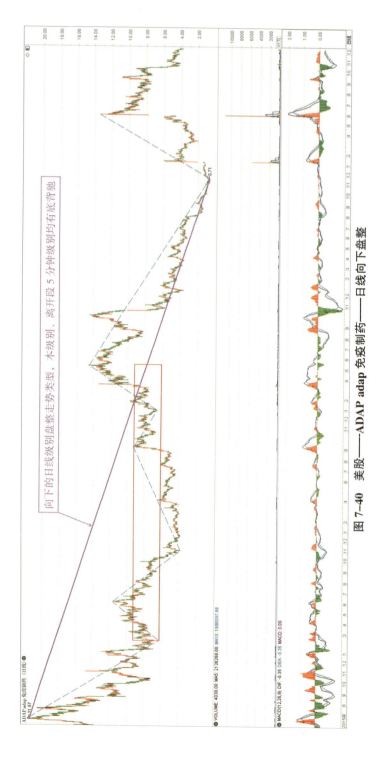

图 7-40 美股——ADAP adap 免疫制药——日线向下盘整

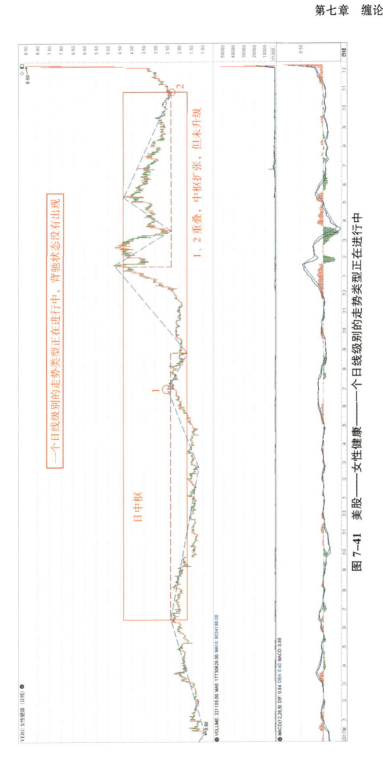

图 7-41　美股——女性健康——个日线级别的走势类型正在进行中

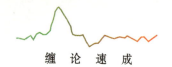

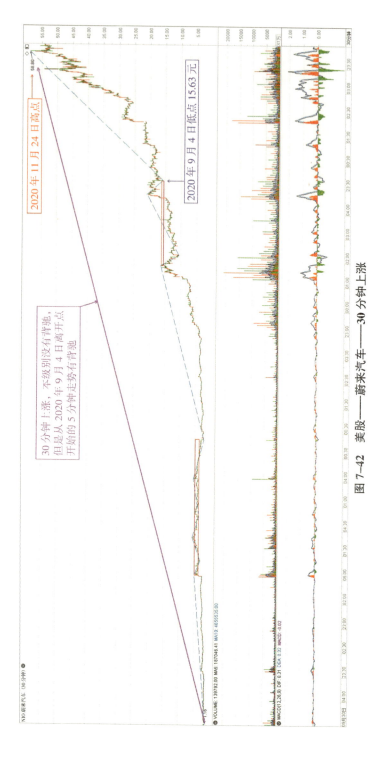

图 7-42 美股——蔚来汽车——30 分钟上涨

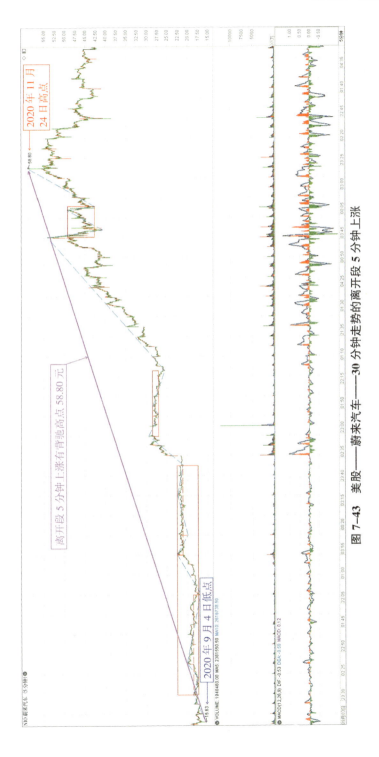

图 7-43 美股——蔚来汽车——30 分钟走势的离开段 5 分钟上涨

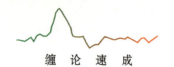

缠 论 速 成

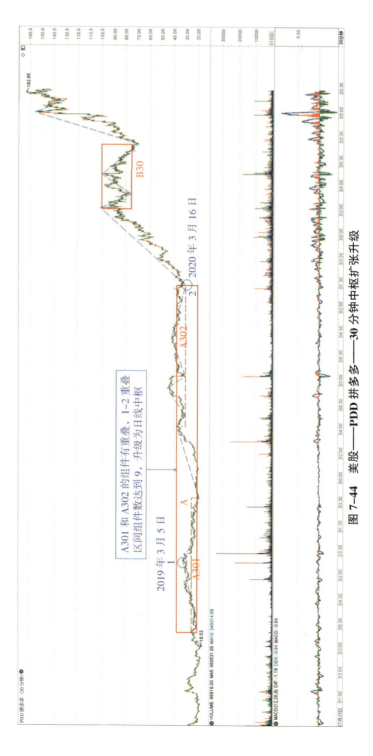

图 7-44 美股——PDD 拼多多——30 分钟中枢扩张升级

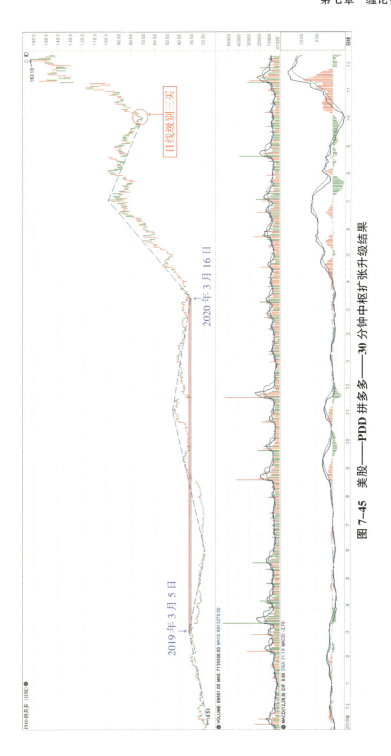

图 7-45　美股——PDD 拼多多——30 分钟中枢扩张升级结果

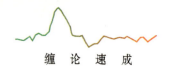

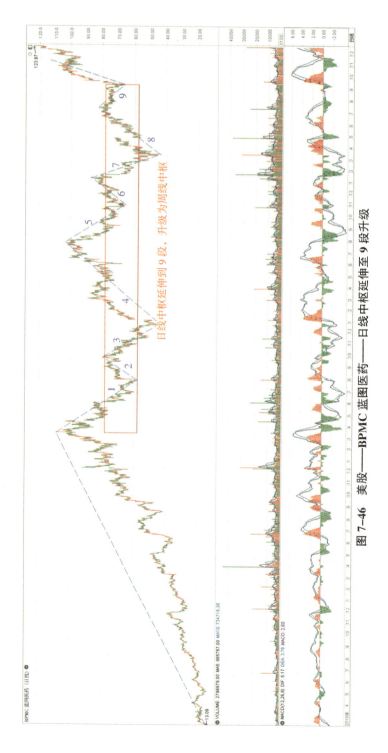

图 7-46 美股——BPMC 蓝图医药——日线中枢延伸至 9 段升级

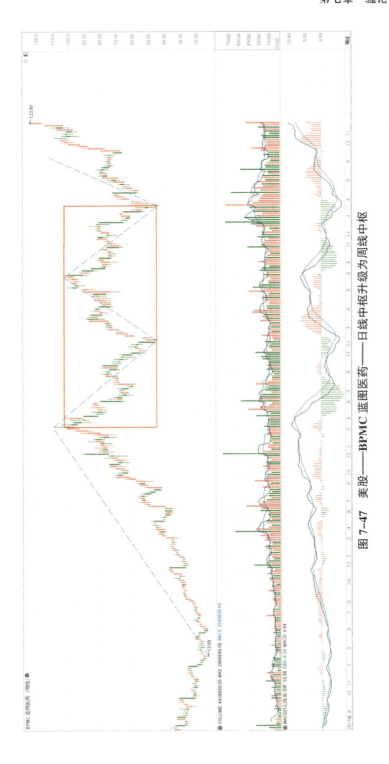

图 7-47　美股——BPMC 蓝图医药——日线中枢升级为周线中枢

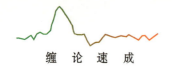
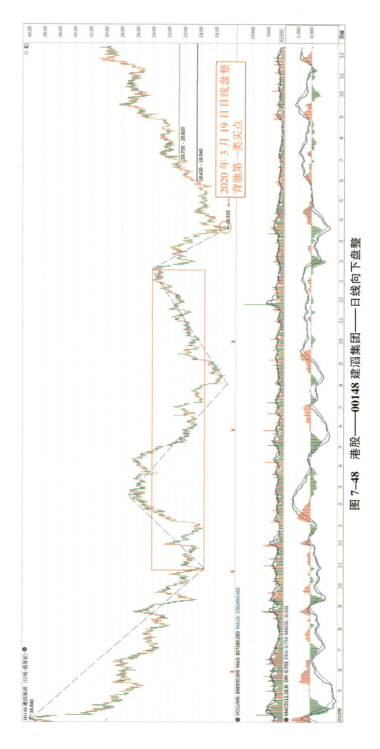

图 7-48 港股——00148 建滔集团——日线向下盘整